BEI GRIN MACHT SICH IHR WISSEN BEZAHLT

- Wir veröffentlichen Ihre Hausarbeit,
  Bachelor- und Masterarbeit

- Ihr eigenes eBook und Buch -
  weltweit in allen wichtigen Shops

- Verdienen Sie an jedem Verkauf

Jetzt bei www.GRIN.com hochladen und kostenlos publizieren

Bibliografische Information der Deutschen Nationalbibliothek:

Die Deutsche Bibliothek verzeichnet diese Publikation in der Deutschen National-
bibliografie; detaillierte bibliografische Daten sind im Internet über http://dnb.d-
nb.de/ abrufbar.

Impressum:

Copyright © 2015 GRIN Verlag, Open Publishing GmbH
Druck und Bindung: Books on Demand GmbH, Norderstedt Germany
ISBN: 978-3-668-11193-6

Dieses Buch bei GRIN:

http://www.grin.com/de/e-book/308267/windows-und-mac-os-betriebssystem-evo-
lution-im-vergleich

Nico Maritschnig

Windows und Mac OS. Betriebssystem-Evolution im Vergleich

GRIN Verlag

GRIN - Your knowledge has value

Der GRIN Verlag publiziert seit 1998 wissenschaftliche Arbeiten von Studenten, Hochschullehrern und anderen Akademikern als eBook und gedrucktes Buch. Die Verlagswebsite www.grin.com ist die ideale Plattform zur Veröffentlichung von Hausarbeiten, Abschlussarbeiten, wissenschaftlichen Aufsätzen, Dissertationen und Fachbüchern.

Vergleich von Betriebssystemen

Vorwissenschaftliche Arbeit

Verfasst von

Nico Maritschnig

27. Februar 2015

Abstract

Schon seit mehreren Jahrzehnten herrscht in der Computerbranche ein Kleinkrieg – Microsoft gegen Apple. In dieser Arbeit stelle ich die Entwicklung der Betriebssysteme beider Firmen von der ersten- bis zur aktuellen Version dar, zeige die Unterschiede beider Systeme in puncto Benutzeroberfläche und Funktionen auf und vergleiche auch die Benutzerkontensteuerung von Mac und Windows miteinander. Außerdem wurde eine Umfrage durchgeführt, um zu zeigen, aus welchem Grund welche Personen welches System, verwenden.

Auf welches System zurückgegriffen wird, ist meistens von dem schlussendlichen Verwendungszweck abhängig. Wie die Umfrage ergeben hat, verwendet über ein Viertel der Befragten ihr Betriebssystem aus Gewohnheit, nur ca. fünf Prozent aufgrund des Kostenfaktors.

Beide der aktuellsten Versionen von Macintosh und von Windows bieten eine große Auswahl an Features, beide sind schnell und zuverlässig, und beide haben sowohl ihre Vor-, als auch ihre Nachteile. Welches System verwendet wird, hängt rein von den Vorlieben des Anwenders ab.

Vorwort

Ich bin mit Computern aufgewachsen, obwohl wir zu Hause lange keinen hatten – nur meine Großeltern besaßen einen. Dort hatte ich Wochenende für Wochenende die Gelegenheit, mich mit diesem Wunderwerk der Technik auseinanderzusetzen, auch wenn es sich lange Zeit nur um Spiele handeln sollte. Schlussendlich haben sich meine Eltern viele Jahre später, ich besuchte bereits das Gymnasium, dazu entschieden, auch (endlich) einen eigenen Computer anzuschaffen. Mein Vater wollte uns unbedingt ein MacBook kaufen. Als ich damals aber nach kurzer Recherche herausfand, dass die meisten meiner Lieblingsspiele darauf nicht laufen würden, begann ich mich vehement gegen einen Apple Computer zu wehren – erfolgreich. Wenige Jahre vergingen und ich war, im Gegensatz zu meinem Vater, sehr zufrieden mit dem PC, schließlich konnte ich alle meine Spiele darauf spielen. Immer wieder besuchten uns Bekannte, die ein MacBook hatten, welches ich eines Tages auch neugierig ausprobieren durfte. Irgendetwas musste mich damals daran so begeistert haben, dass ich immer wieder mit dem Gedanken spielte, mir selbst eins zu kaufen. Aber wann immer ich damals mit Angeboten von Macs zu meinen Eltern kam, um sie davon zu begeistern, sodass ich mir eins kaufen durfte, hieß es immer: „Du wolltest vor ein, zwei Jahren nie ein MacBook – und jetzt willst du eins, oder bildest dir ein, eins zu brauchen?!". Vor wenigen Jahren, kurz vor den Sommerferien der 6. Klasse, begann ich meine alten Sachen, u. a. auch meinen Computer im Internet zu verkaufen. Irgendwann stieß ich auf derselben Verkaufsplattform auf ein günstiges Angebot für ein altes MacBook. Da ich zu dieser Zeit bereits mehrere Apple Produkte besaß und damit auch sehr zufrieden war, dachte ich mir „Was solls, ich kann es sonst ja auch wieder verkaufen ...". Obwohl es schon alt war, war das Arbeitstempo selbst im Vergleich mit meinem modernen Laptop so schnell, und die mitgelieferte Software so gut, dass ich derart zufrieden damit war, wie ich es mir nie hätte vorstellen können. Wenig später habe ich dieses MacBook und meinen wenige Monate alten Laptop verkauft, um in ein neues MacBook Air für die Schule zu investieren, welches ich auch heute noch mit großem Vergnügen verwende. Und es hat sogar einen positiven Nebeneffekt: Obwohl es nicht für Spiele ausgelegt ist, und auch nie aus diesem Grund angeschafft wurde, laufen die meisten weit besser als auf meinem Windows Laptop. Da ich mich in letzter Zeit sehr viel mit den verschiedensten Systemen auseinandersetzen konnte, da ich nebenbei Computer repariere und weiterverkaufe, wuchs auch mein Interesse an der Geschichte der Systeme, und fand dadurch zu meinem VWA - Thema „Vergleich von Betriebssystemen".

Bedanken möchte ich mich an dieser Stelle bei meiner Betreuungslehrerin, Frau Prof. Margit Blanchard, die mir immer mit Rat und Tat beiseite stand und mir bei schwierigen Passagen der Arbeit ausgezeichnet weiterhelfen konnte.

Inhaltsverzeichnis

1 Einleitung

Meine Arbeit „Vergleich von Betriebssystemen" befasst sich mit Apples und Microsofts Betriebssystemen. Es wird jeweils auf die historische Entwicklung eingegangen und die aktuellen Systeme beider Firmen werden in puncto Funktionalität und Benutzerfreundlichkeit miteinander verglichen. Außerdem werden unter Windows 8 und Mac OS X Yosemite auch die Benutzerkonteneinstellungen verglichen. Es wurde auch eine Umfrage durchgeführt, welche aufzeigen soll, welches System, aus welchem Grund vom Endanwender bevorzugt wird. Die Arbeit geht u. a. auf die folgenden Forschungsfragen ein:

- *Warum gab es keine Annäherung zwischen den Entwicklern?*

- *Welches Betriebssystem wird vom reinen Anwender bevorzugt?*

- *Welche Gründe beeinflussen die Wahl des Betriebssystems?*

Seit Jahrzehnten „bekämpfen" sich die zwei größten Betriebssystemhersteller, Microsoft und Apple. Das Ziel meiner Arbeit ist, die Entwicklung der Systeme beider Firmen aufzuzeigen, die aktuellen Versionen miteinander zu vergleichen, darzulegen, welches System vom Endbenutzer bevorzugt wird sowie welche Funktionen sie besitzen. An dieser Stelle möchte ich noch daraufhinweisen, dass die folgende Arbeit nicht gegendert ist, damit der Lesefluss nicht verloren geht und nicht zu viele Wortwiederholungen entstehen.

2 Die Entwicklung von MS-DOS bis Windows 8

2.1 MS-DOS

MS-DOS (Microsoft Disc-Operating-System) war das erste Betriebssystem welches von Microsoft ab 1980 vertrieben wurde. Es basiert auf dem QDOS (Quick and dirty Operating System - zu Deutsch: schnell- und unsauber programmiertes System. Später war dieses unter dem Namen 86-DOS bekannt wurde (86-DOS weil das System für die Intel 8086 CPU entwickelt wurde). [1]

Abbildung 1; MS-DOS Logo

Die folgenden Informationen zur Entwicklung von Windows beziehen sich, falls nicht anders angegeben, auf „OS-History" von Norman Koch.[2] Mit Tim Paterson wechselte 1981 nicht nur der Entwickler von 86-DOS zu Microsoft, er brachte auch das Betriebssystem mit. Das daraus weiterentwickelte MS-DOS wurde (leicht verändert) von IBM für seine Heimcomputer eingesetzt und wurde dadurch zum meistverkauften Betriebssystem seiner Zeit.

Die erste Version, die als MS-DOS verkauft wurde, war MS-DOS 1.25. Es bot ein damals revolutionäres, neues und um ein Vielfaches leistungsfähigeres Dateisystem namens FAT.

In der **Version 2** von MS-DOS, welche Großteils neu geschrieben wurde, gab es erstmals eine Unterstützung für Festplatten bis 10MB. Es werden neben ladbaren Gerätetreibern auch erstmals internationale Zeichensätze unterstützt.

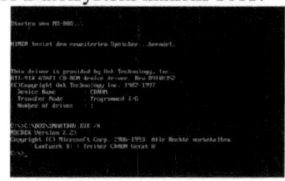

Abbildung 2; MS-DOS Oberfläche

Mit **MS-DOS 3** wurden nicht nur kleine Verbesserungen gegenüber den älteren Versionen vorgenommen, auf dieser Version wurde auch das erste Microsoft Windows aufgebaut. 1986 wurde MS-DOS 3.3 zusammen mit Windows 2.03 fertiggestellt. MS-DOS 3.3 bot unter anderem eine Unterstützung von Festplattenpartitionen mit der maximalen Kapazität von 80MB.

---

[1] Vgl. HIRZEL, Hannes (8.19.01) MS-DOS; URL: http://en.wikipedia.org/wiki/MS-DOS [24.6.14]
[2] Vgl. KOCH, Norman OS-History; URL: http://os-history.de/ [24.6.14]

2.2 Windows Premier Edition

1985 brachte Microsoft eine grafische Benutzeroberfläche (GUI) für DOS auf den Markt, welche Windows getauft wurde. Windows war damals nicht mehr als eine Erweiterung für DOS, welches auch den Sockel für Windows bildete, was zur Folge hatte, dass MS-DOS für die Verwendung von Windows notwendig war und es ohne DOS gar nicht erst startete. Windows war anfangs kein

Abbildung 3; Windows Premiere Edition-Bootscreen

großer Erfolg, da einfach zu wenige Programme verfügbar waren – und wenn DOS Software verwendet wurde, hatte dies den Effekt, dass die grafische Oberfläche beendet wurde und nur mehr mit der Kommandozeile von MS-DOS gearbeitet werden konnte.

Bereits drei Monate nach dem Release der Premiere Edition brachte Microsoft eine überarbeitete Version heraus, **Windows 1.01**, welche die häufig auftretenden Treiberprobleme behob und sich auch wesentlich besser verkaufte als ihr Vorgänger.

Abbildung 4 zeigt einen Screenshot vom damaligen Gegenstück zum heutigen „Windows – Explorer", dies war die erste Art eines Dateimanagers für Windows (aus der Version 1.01). Dieser erste „Dateimanager" ist aber keinesfalls mit dem modernen Explorer zu vergleichen, da dieser nur Dateien darstellen, diese aber nicht verändern, kopieren oder verschieben konnte.

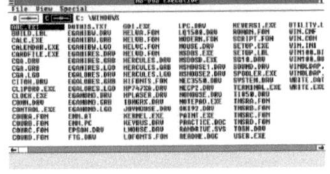

Abbildung 4; Dateimanager

In Abbildung 5 und 6 sind die in Windows integrierte Uhr, die außer die aktuelle Zeit anzuzeigen nichts konnte, und die erste Version von Paint zu sehen. Da diese Version von Paint nur ein 1-Bit Programm war, konnte der Benutzer nur schwarz oder weiß zeichnen. Aber abgesehen davon bot es schon damals eine Vielzahl an nützlichen Funktionen, welche sich im Vergleich zur aktuellen Version nur geringfügig verändert haben.

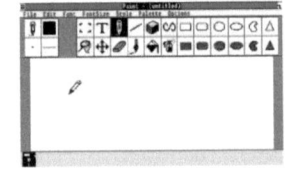

Abbildung 5; Paint

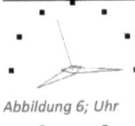

Abbildung 6; Uhr

Die einzige nennenswerte Änderung gegenüber Version 1.01 war, dass **Windows 1.02** das erste Windows war, welches nicht mehr nur in Englisch verkauft wurde (Abbildung 7 zeigt einen Screenshot aus der Windows Installation mit der Auswahl aus unterstützten Keyboard-Layouts und Sprachen).

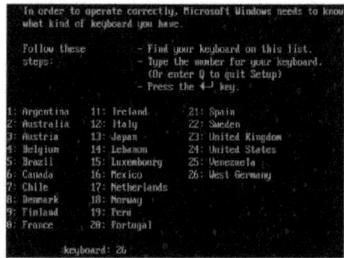

Abbildung 7; Sprachauswahl im Setup,

Der Sockel für **Windows 1.03** war das damals neue MS-DOS in der Version 3.2. Microsoft fügte diesem Windows einige neue Treiber hinzu, welche die Grundlage für die Unterstützung von neuen Tastaturen, Druckern (Postscript & Text-Only) und Rechnertypen bildeten. Außerdem änderte Microsoft die Dateiendung für Textdatein von .DOC auf .WRI und fügte weitere Schriftgrößen zu den Schriftarten „Times Roman" und „Helvetica" hinzu.

Windows 1.04 war die letzte Version der ersten Windows Generation. Es wurden noch einmal einige Fehlerbehebungen und Veränderungen gegenüber der Vorgängerversion vorgenommen.

Abgesehen davon, dass der Bootscreen nun vom neuen Microsoft – Logo geschmückt wird, wurden der Druckvorgang verbessert und Netzwerkfehler behoben. Außerdem wurde ein Editor für .PIF-Dateien hinzugefügt, was dem User die Möglichkeit gab, Einstellungen für ein DOS-Programm vorzunehmen (z.B. ob es im Fenster starten soll).

Des Weitern wurde Windows ein neuer Taschenrechner verpasst (siehe Abbildung 8).

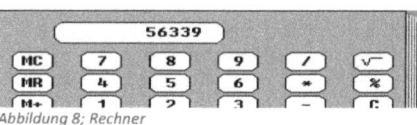

Abbildung 8; Rechner

In Abbildung 9 ist die Systemsteuerung der ersten Windows Generation zu sehen. Lediglich die Zeit und das Datum sowie die Mauszeigergeschwindigkeit und das Doppelklickintervall konnten verändert werden.

Abbildung 9; Systemsteuerung

2.3 Windows 2.03

Dieses Windows war das erste der zweiten Generation und zugleich das letzte Windows, welches sich mit Hilfe von Disketten installieren ließ. Microsoft hoffte sehr darauf, dass Windows 2 wesentlich erfolgreicher würde als sein Vorgänger, da einige Veränderungen vorgenommen wurden. Die Kompatibilität zu Programmen aus MS-DOS wurde verbessert und dieses Windows war endlich Multitasking fähig (Windows 1 hielt alle Programme im Hintergrund so lange an, bis sie wieder gestartet wurden).

Zu dieser Zeit entfachte auch der lange andauernde Rechtsstreit mit Apple, da die Vermutung auftrat, Microsoft hätte den Source Code von ihnen gestohlen und in Windows umbenannt – was sich später aber aus falsche Anschuldigung herausstellte.

Eine weitere wichtige Neuerung waren Fenster, die in der Größe und Position verändert und auch minimiert werden konnten. Überarbeitet wurden unter anderem der Taschenrechner und andere Standardprogramme, die in Abbildung 10 zu sehen sind.

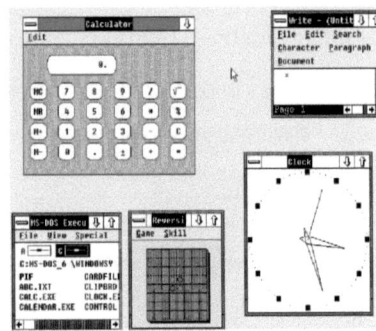

Unter **Windows 2.1** wurde das High Memory Area (Speicherverwaltung für Programme) hinzugefügt. Es wurde auch eine EMS Emulation eingeführt, die, gleich wie das HMA, zusätzlichen

Abbildung 10; Windows Standardprogramme

Arbeitsspeicher erlaubte und diesen auch verwaltete. Außerdem bot Windows 2.1 erstmals eine Kernel Protection und die Unterstützung von bis zu 127 angeschlossenen Druckern.

Neuerungen derVersion 2.11 waren die Unterstützung von hochauflösenden Displays, ein verbesserter Druckvorgang sowie Überarbeitungen beim Setupprogramm (Beispielsweise bricht das Setup jetzt nicht mehr ab, wenn es auf inkompatible Treiber stößt).

Bis zu den NT-Versionen von Windows bildete weiterhin MS-DOS die Grundlage für die Betriebssysteme. Bei **MS-DOS 4** wurden gleich zwei wichtige Neuerungen eingeführt: Zum einen die Unterstützung von bis zu zwei Gigabyte Festplattenspeicher im Format FAT 16, das Vorgängerformat FAT 12 wird aber weiterhin von DOS unterstützt, und zum anderen wurde mit dieser Version erstmals die DOS Shell, eine neue Art Dateimanger in DOS, ausgeliefert.

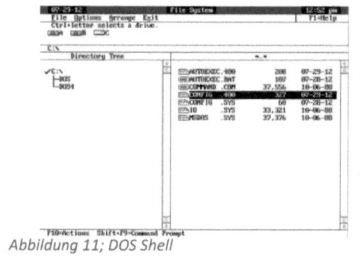

In Abbildung 11 ist die DOS Shell zu sehen, sie wurde gestartet indem man „C:\DOS\DOSSHELL.BAT" eingab. Erstaunlicherweise war die DOS Shell ausgereifter und bot mehr Funktionen als die ersten Versionen des Windows Explorers.

Abbildung 11; DOS Shell

2.4 Windows 3

Am 22. Mai 1990 wurde Windows 3.0 veröffentlicht. Nach dem Erfolg von Windows 2 war Microsoft bemüht, daran wieder anzuknüpfen und verpasste dem neuem Windows viele Neuerungen.Windows ist nun mit Netzwerkadaptern kompatibel, was dem Nutzer die Möglichkeit gab im Internet zu surfen, allerdings musste vorher noch ein Internet-Browser installiert werden.

Auch das Windows-Setup wurde verändert: Das in den Vorgängerversionen rein textbasierte Setup wurde nun durch ein grafisches abgelöst. Nach dem einlegen der dritten Diskette bot sich dem Benutzer ein grafisches Setup mit Mauszeigerintegration, was schon in vielen Bereichen mit dem aktuellen Windows-Setup verglichen werden kann.

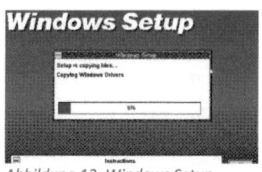

Abbildung 12; Windows Setup

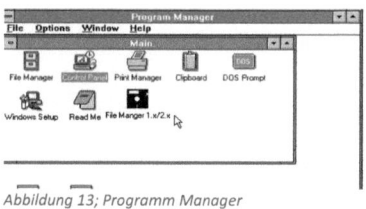

Nach dem ersten Start wird der Nutzer nicht mehr, wie beim Vorgänger, von allen Dateien im Windows-Ordner begrüßt, hier erscheint der Programm-Manager, welcher dem Nutzer alle installierten Programme anzeigt.

Abbildung 13; Programm Manager

Weitere Neuerungen waren Icons, die einen Schatten warfen und somit einen 3D-Look vermitteln sollten, das Programm Paint aus den Vorgängerversion hieß nun Paintbrush und wurde überarbeitet. Außerdem wurde der Task-Manager hinzugefügt, welcher das Schließen von nicht mehr reagierenden Programmen ermöglichte, sodass in diesem Fall der Computer nicht neu gestartet werden musste.

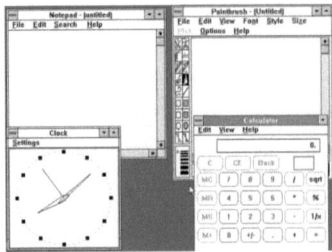

Abbildung 14; Standardprogramme

Die folgenden Upgrades für Windows, die Version 3.1 und 3.11, waren nur kleinere Verbesserrungen in Sachen Performance und Darstellung. Die vermutlich wichtigste Neuerung war die Integration eines neuen Grafiktreibers, der es ermöglichte, MS-DOS-Anwendungen in einem Fenster in Windows zu öffnen.

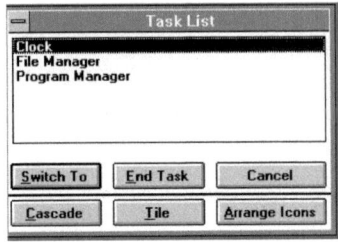

Abbildung 15; Task-Manager

Des weiteren gab es eine Version von Windows 3.1 speziell für Mittel- und Osteuropa, die folgende Funktion mit sich brachte: Wurden beide Shift-Tasten zugleich gedrückt, konnte der Nutzer schnell das Tastaturlayout ändern, zusätzlich erschien am unteren Bildschirmrand noch ein Symbol mit dem Layout.

An Windows 3.2 war besonders, dass man es in chinesischer Sprache auf einem DOS in einer Sprache mit lateinischer Schrift installieren konnte. Da nicht Millionen von Schriftzeichen in Windows untergebracht werden konnten, wurde ein Schriftzeicheneditor hinzugefügt, sodass Benutzer selbst Zeichen einfügen konnten, die Windows nicht beherrschte.

MS-DOS 5 brachte viele kleinere Neuerungen mit sich. Außerdem wurde die Performance für die damalige Hardware drastisch verbessert und neue Hardwareunterstützung gewährleistet. Des Weiteren wurde an der DOS Shell herumgeschraubt: Sie bekam eine Menüstruktur (wie im Dateimanager von Windows 3) verliehen; das Umbenennen, Kopieren, Verschieben und Löschen von Dateien war direkt in der Shell möglich, auch visuelle Änderungen wurden vorgenommen.

MS-DOS 6 war das erste DOS, welches nach der Installation von Treibern CD Laufwerke unterstützte. Es war auch das erste Betriebssystem von Microsoft, das ein Antiviren-Programm intergriert hatte: MSAV wurde von „Central Point" abgekauft, die Weiterentwicklung aber wenige Zeit später wieder eingestellt.

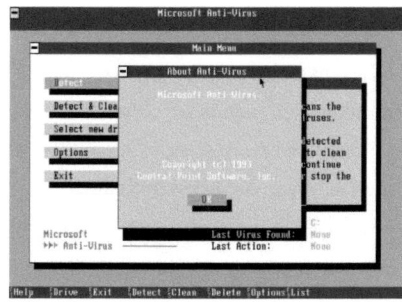

Abbildung 16; MS Anti Virus

Microsoft fügte noch ein Defragmentierungsprogramm (defrag.exe) hinzu, welches die Firma Symantec entwickelt hatte.

MS-DOS 6.2 war das letzte DOS, welches einzeln gekauft werden konnte, Nachfolgeversionen dienten nur noch als Grundlage für Windows. Mit dieser Version wurde das Programm DoubleSpace eingeführt. Es bot die Möglichkeit FAT-16 Partitionen im Hintergrund zu komprimieren.

Abbildung 17; Defragmentierungsprogramm Mit MS-DOS 6.21 wurde das Programm DoubleSpace, nachdem es in der Vorgängerversion, ohne den Entwickler zu fragen hinzugefügt worden war, nach gerichtlicher Anordnung wieder entfernt.

In MS-DOS 6.22 kehrte das Programm DoubleSpace unter dem Namen SmartDrive (legal) in DOS zurück.

MS-DOS 7

Microsoft stellte MS-DOS 7 gemeinsam mit Windows 95 fertig, und es bildet auch die Grundlage für Windows 95 und 98. Ab Version 7.10 wird auch das damals neue Dateisystem FAT 32 unterstützt und erlaubte damit Festplattenpartitionen mit über 2GB. Außerdem wurde die Netzwerkfähigkeit von DOS verbessert.

2.5   Windows NT 3

Im Gegensatz zur Windows 3 Serie, die für
Privatpersonen geeignet ist, richtet sich dieses Windows
an Firmen und professionelle Anwender. Windows NT
3.1 ist die erste Version von Windows NT, nicht die
dritte. Der Versionsname wurde deshalb gewählt, um
klarzustellen, dass es im Zusammenhang mit Windows 3
steht.

Abbildung 18; Windows NT 3 Login-Screen

Alle Versionen von Windows NT können das neue
Dateisytem NTFS 1 sowohl schreiben als auch lesen und sind 32 bittig.

Windows NT 3.1 Server – so hieß die erste Version von Windows NT. Die grafische
Benutzeroberfläche basierte auf Windows 3.

Abbildung 19; NT Workstation Logo

Die Upgrades dieser Version, genannt
Windows NT 3.50 und 3.51, brachten
gegenüber der ersten Version nicht viele
Neuerungen mit sich. Es wurden längere
Dateinamen für Geräte, die im Format FAT
waren, möglich gemacht, sowie die
Unterstützung der Grafik- und
Programmierschnittstelle OpenGL.
Außerdem wurden ein neues Logo und
Anzeigeoptionen zur Systemsteuerung
hinzugefügt. Und man baute noch ein nicht
unwichtiges Sicherheitsfeature ein: Wurde
das Benutzerpasswort zu oft hintereinander
falsch eingegeben, wurde der Account
gesperrt.

2.6 Windows 95

Das im August 1995 von Microsoft
veröffentlichte Betriebssystem wurde
Windows 95 genannt. Gegenüber dem
Vorgänger, Windows 3, wurden
abgesehen von der 32-Bit Architektur
viele Änderungen vorgenommen:
Windows 95 wurde eine Taskleiste und
das Startmenü verpasst, vergleichbar mit
jenen aus Windows XP oder auch

Abbildung 20; Präsentation von Windows 95

Windows 7. Weitere Neuerungen waren die
verbesserte Multimediaunterstützung, die
Unterstützung von längeren Dateinamen, sowie die
Plug&Play Funktion, hierbei wird ein P&P
kompatibles Gerät direkt nach dem Anschluss an
den PC erkannt und kann sofort verwendet werden.

Abbildung 22; Windows 95 Bootscreen

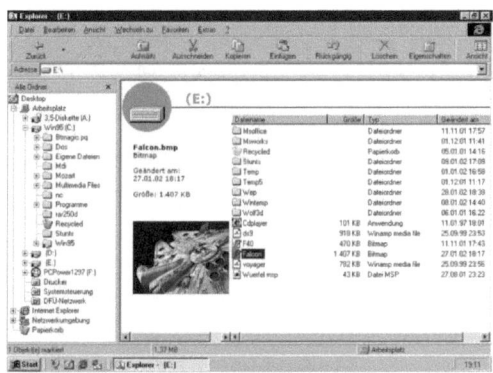

Abbildung 21; Windows Explorer

2.6.1.1 Windows 95 A

Die erste Version von Windows 95
basierte noch auf MS-DOS 7.0 –
deshalb wurden nur FAT 12 und 16
unterstützt. Außerdem war der
Internet-Explorer nicht vorinstalliert, er
musste manuell hinzugefügt werden.

Die folgenden Upgrades von *Windows
95 (A, B &C)* brachten noch einmal viele
Neuerungen mit sich. Dank MS-DOS
7.10 als Grundlage unterstützten sie FAT 32 und damit auch Festplattenpartitionen bis 32GB.
Unter Windows 95 B wurde der damals neue Internet-Explorer in der Version 3
herausgebracht und die erste Version von DirectX integriert. Die letzte Version, Windows
95C, brachte den neuen Internet-Explorer 4 und die „Active-Desktop" Funktion mit sich,
welche es erlaubte, Webseiten als Desktophintergrund zu verwenden. Und dem neuen
Windows Explorer verpasste man Vor- und Zurück- Buttons (Abbildung 21).

2.7 Windows NT 4

Bei neuem Workstation Betriebssystem Windows NT 4 wurde die GUI von Windows 95 verwendet. Microsoft versuchte die Benutzerfreundlichkeit gegenüber dem ersten NT Betriebssystem zu verbessern, aber im Gegensatz zu Windows 95 fehlten doch noch einige Features, um es auch für Laien benutzerfreundlich zu machen. Für Profianwender und Server war es aber auch

Abbildung 23; Windows NT Server 4 Login-Screen

dank vieler neuer Netzwerkfeatures ein gelungenes Betriebssystem und wesentlich erfolgreicher als sein NT-Vorgänger. Wegen der DOS-Unabhängigkeit und der hohen Stabilität wird der NT-Kernel noch heute von Microsoft verwendet.

Es gab auch erstmals zwei Versionen: die „Workstation" – Version richtete sich an kleine Firmen und Privatanwender, während sich die „Server" – Version an Großbetriebe richtete. Mit der Server-Verison bekam man viele Features, die dem Nutzer/der Nutzerin der Workstation vorenthalten wurden – z.B eine NTFS-Fehlertoleranz, neue Mangementtools sowie Netzwerkfeatures und die Möglichkeit, bis zu 256 Netzwerkverbindungen zugleich verwenden zu können.

Es wurde etwas später noch eine Enterprise-Server Version veröffentlicht, hierbei handelte es sich aber lediglich um die normale Server- Version mit ein paar Zusatztools.

2.8 Windows 98

Im Juni 1998 veröffentlichte Microsoft sein neues Windows 98, welches auf der Basis von Windows 95, also DOS aufgebaut wurde. Zu den Neuerungen gehörten der ins System integrierte Internet-Explorer sowie Plug & Play, welches auch für AGP-Grafikkarten, FireWire- und USB- Geräte geeignet war.

Abbildung 24; Windows 98 Bootscreen

Ursprünglich war Windows 98SE (SE steht für „Second Edition", zu Deutsch „Zweite Ausgabe") als Serviece-Pack für Windows 98 gedacht, man entschied sich dann aber doch, es als eigenständiges Betriebssystem zu veröffentlichen. Es basierte zur Gänze auf Windows 98 und brachte einige kleinere Änderungen mit sich, wie zum Beispiel das integrierte DirectX 6.1a, welches dem Nutzer eine deutlich bessere Spieleperformance bot. Außerdem verbesserte man Plug & Play, nun wurden auch DSL Modems unterstützt und der Internet-Explorer 5 wurde mit Windows mitausgeliefert.

2.9 Windows 2000

Nach einer vierjährigen Entwicklungszeit wurde im Februar 2000 Windows 2000 veröffentlicht. Dieses Windows basiert nicht, wie sein zeitlicher Vorgäger und Nachfolger, auf MS-DOS, sondern auf dem Windows-NT Kernel. Es gilt bis heute noch als sicherstes und stabilstes Windows aller Zeiten. Microsoft spendierte dem neuem Windows eine neue Oberfläche; die ACPI

Abbildung 25; Windows 2000 Bootscreen

Energieverwaltung sowie einige Programme, die es behindertengerecht machen sollten. Außerdem unterstützte es das neue NTFS 3 Dateisystem, welches nun die auch heute noch verwendete Dateiverschlüsselungtechnik EFS (=Encrypted File System) mitbrachte. Wie alle 32-Bit Windows- Betriebssysteme unterstützt Windows 2000 maximal 4GB Arbeitsspeicher.

Es gab auch noch eine **Windows 2000 Professionell** (diese war für professionelle Home- und Buisness-Anwender gedacht), eine Server-, sowie eine Advanced- Server – Version. Diese Versionen galten als Nachfolger von Windows NT 4 und werden noch bis heute von Firmen aufgrund ihrer Zuverlässigkeit als Server-System geschätzt und eingesetzt.

MS-DOS 8

Mit dem im Jahr 2000 verkauften Windows ME endet die DOS-Ära. MS-DOS 8 ist zwar noch die Basis von Windows, kann aber nicht mehr, wie es vorher noch möglich war, abgerufen werden. Dieses DOS wies im Vergleich zu seinem Vorgänger keinerlei technische Verbesserungen auf, ist aber noch bis heute in jedem Windows integriert: Wählt man unter Formatieren „MS-DOS Startdiskette" aus, so wird ein Abbild von MS-DOS 8 mit der immer gleichen Seriennummer „2A87-6CE1" erzeugt.

Abbildung 26; " Formatieren" unter Windows 7

2.10 Windows ME

Das kurz nach Windows 2000 erschienene ME, die Millenium Edition, war eine Kompromisslösung, da Microsoft schon länger kein Betriebssystem für normale Benutzer veröffentlicht hatte und sich herausstellte, dass sich die Fertigstellung von Windows XP, das sich noch in der Entwicklung befand, verzögern würde. Microsoft entschied sich kurzerhand, Windows 98 upzugraden.

Abbildung 27; Windows ME Bootscreen

Sie versteckten den DOS- Unterbau gut, was dem Nutzer das Gefühl geben sollte, dass er mit einem neuen Betreibssystem arbeite, und nicht mit einem leicht veränderten Windows 98.

ME brachte einige Neuerungen und Features mit, die später in XP und auch heute noch verwendet werden, wie etwa die Systemwiederherstellung. Man fügte auch den Systemfilechecker (SFC) ein, dieses Programm konnte Systemdaten auf ihre Funktion prüfen und sie gegebenenfalls auch ersetzen; Internet Explorer 5.5 wurde mitgeliefert und Microsoft verpasste dem Windows-Explorer die Fähigkeit, .zip-Archive öffnen zu können.

Abbildung 28; ME Systemsteuerung

Außerdem wurden die Systemsteuerung und die Scannerunterstützung verbessert, die automatische Updatefunktion, das Hilfefenster, das Programm Windows Movie Maker und die Spiele Pinball und Spider-Solitär wurden hinzugefügt.

2.11 Windows XP

Im Oktober 2001 veröffentlichte Microsoft Windows XP, das XP steht für Experience (Erfahrung). XP vereinte den Heimanwender- und Buisness- Bereich, sprich die Versionen Windows 2000 und ME. Als Kernel setzte Microsoft auf den viel stabielern NT Kernel, aber es konnten auch MS-DOS Programme geöffnet werden. Laut Angaben von Microsoft ist Windows XP immer noch die meistverkaufte Version und hat mehr Benutzer als alle anderen Windows- Versionen gemeinsam. Außerdem war es das erste Windows, welches eine Aktivierung benötigte. Diese Funktion fügte man ein, um gegen Raubkopierer vorzugehen.

Abbildung 29; XP Bootscreen

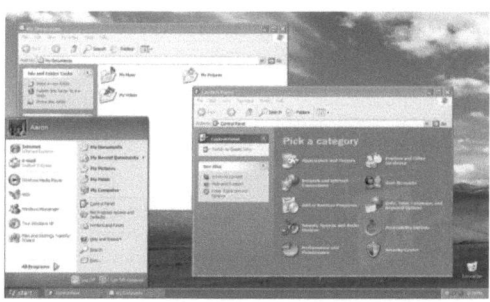

Abbildung 30; Windows Aktivierung

Die wichtigsten Änderungen gegenüber den Vorgängerversionen waren die neue Oberfläche („Lunda" genannt), Remote Control (also die Fernsteuerung des Computers), eine automatische Updatefunktion sowie eine integrierte Firewall (ab dem Service Pack 1).

Abbildung 31; XP Oberfläche

Bei Windows XP gab es drei Grundversionen: die Home Edition, XP Professional und eine Media Center/ Tablet-PC Variante. Der Funktionsunterschied zwischen der Professional- und der Media Center Edition war eher gering: Der Media Center Edition fehlten gegenüber der Pro Version nur die 64-Bit-Unterstützung und die Unterstützung von Sprachpaketen (MUI). XP Professional hingegen fehlten die Handschrifterkennung und das Media Center. Bei der Home Edition fehlten dagegen schon viel mehr Funktionen: Es konnte im Normalbetrieb nicht auf den Administratoraccount zugegriffen werden, es gab weder Unterstützung für mehrere Prozessoren noch für 64-Bit. Des Weiteren gab es noch keine Dateiverschlüsselung.

Der Extended (=erweiterte) Support für Windows XP ist am 8.4.2014 abgelaufen, das heißt, dass Windows XP nun nicht mehr mit Updates von Microsoft versorgt wird.

2.12 Windows Vista

Es dauerte sechs Jahre, bis Microsoft einen Nachfolger für Windows XP veröffentlichte –
Windows Vista. Es wurde bereits ein Jahr nach dem Release von XP an einem Nachfolger
garbeitet, welcher auf XP basieren sollte, es stellte sich aber schnell heraus, dass der XP
Kernel nicht stabil genug für das neue System war. Deshalb griff Microsoft einige Zeit später
auf die Basis des Windows Server 2003 zurück und baute Longhorn (Projectname von Vista)
darauf auf.

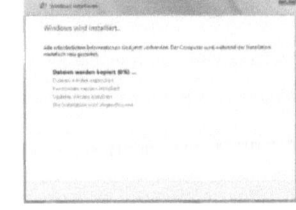

Vista war das erste Windows-Betriebssystem, das ein rein
grafisches Setup bot, es wurde auf jede Art der textbasierten
Installation verzichtet.

Vista bekam auch eine völlig neue Benutzeroberfläche, Aero,

Abbildung 32; Vista Setup

diese wurde später auch in leicht veränderter Weise in

Windows 7 verwendet. Zusammen mit Aero kam

auch die Sidebar – hier konnte man Minianwendung
(wie Wetter, Nachrichten) an der rechten
Bildschirmseite anzeigen. Außerdem wurden auch die
Taskleiste, der Startknopf und das Startmenü
überarbeitet. Weiters verbesserte Microsoft noch die
Windows Aktivierung und fügte einen DVD Maker

Abbildung 34; Vista Oberfläche

und den Windows Defender, einen integrierten
Virenscanner, der den PC nach Viren und anderen

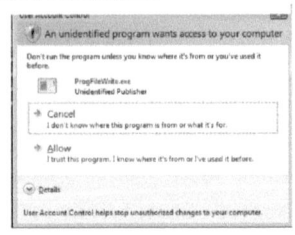

Schädlingen scannen konnte, jedoch keinen Echtzeitschutz
bot, hinzu. Des Weiteren wurde die UAC (= User Account
Control) hinzugefügt, die seitdem in stets verbesserter Weise
auch in den neuen Windows-Versionen Verwendung findet.
Die UAC ist ein integrierter Sicherheitsmechanismus, der

Abbildung 33; Vista UAC

den Benutzer vor jedem Programm warnt, welches
Administrator-Rechte fordert und somit auch Schaden anrichten kann.

Auch bei Vista gab es, wie bei den Systemen zuvor und auch danach, verschiedene
Versionen. Bei Vista handelte es sich um sechs verschiedene: Starter, Home Basic, Home
Premium, Buisness, Ultimate und Enterprise – jede mit unterschiedlichem Funktionsumfang.

2.13 Windows 7

Im Gegensatz zu Vista verlief die Entwicklung von Windows 7
schnell und reibungslos.

Gegenüber Vista verpasste man Windows 7 neben der grundlegenden
Stabilitätsverbesserung auch wieder eine leicht veränderte Optik und
es wurde an der Verbesserung der Standardprogramme gearbeitet.

*Abbildung 35; Windows 7
Logo*

Microsoft änderte das Design der
Taskleiste (die jetzt „Superbar"
genannt wird), verbesserte die aus
Vista bekannte Aero-Oberfläche
und ersetzte die Sidebar durch
Gadgets, also Minianwendungen
wie bei der Sidebar in Vista, nur
mit dem Unterschied, dass sie am
gesamten Bildschirm platziert
werden konnten.

Abbildung 36; Windows 7 Oberfläche

Wie schon erwähnt, wurden viele
Standardprogramme wie
WordPad, der Taschenrechner
oder Paint überarbeitet. Andere,
wie der Windows Movie Maker,
die laut Microsoft zu wenig
Benutzer hatten, wurden ganz aus
Windows entfernt und, wie eben
im Falle des Movie Maker, als

Abbildung 37; Windows 7 Standardprogramme

Gratis-Download auf Windows Live angeboten.

Wie schon bei Windows Vista verbesserte Microsoft unter Windows 7 die UAC und fügte
auch die Unterstützung für Multi-Touch-Systeme hinzu. Außerdem gab es neue
Netzwerkfunktionen und das „Wartungscenter", welches ähnlich dem „Securitycenter" der
früheren Windows-Versionen war, aber neben Sicherheitslösungen wie dem Defender auch
die Möglichkeit zum Sichern und Wiederherstellen von Windows bot.

2.14 Windows 8

Mit Windows 8 hat Microsoft die Oberfläche
radikal verändert. Aber abgesehen von der
Oberflächen-Modernisierung blieb vieles beim
Alten – neu waren lediglich der Windows-Store,
leichte Änderungen im Windows Explorer,
sowie die Verknüpfung mit XBOX-Live und
Adaptionen an den Standardprogrammen. Es
gibt drei Versionen von Windows 8: Die „Core"
– Variante ist von der Oberfläche ident mit allen
underen Versionen, der User ist mit dieser
jedoch an den Windows-Store gebunden – er

Abbildung 38; Windows 8 Startmenü

Abbildung 39; Windows 8.1 Taskleiste & Startbutton

kann nicht einfach 3rd-Party Software installieren, bzw .exe Anwendungen starten; die „Pro"
Version ist funktionstechnisch mit jedem Windows 7 vergleichbar – mit dieser kann der
Nutzer einfach jede Software installieren und auch jedes Programm öffnen. Zu guter Letzt
gibt es noch die „Enterprise" Version – sie bietet zusätzlich zu den Funktionen der Pro
Version noch einige Serverfunktionen.

Microsoft verabschiedete sich mit Windows 8 von
der „Aero" – Oberfläche, die neue wird „Metro"
genannt. Auch die Minianwendungen wurden
gestrichen, offiziell hieß es aus
„Sicherheitsbedenken". Aber die größte und
auffälligste Änderung ist das Starmenü. In
Windows 8 wurde der Startknopf zusammen mit
dem Startmenü entfernt – wer nun mit der Maus
in die linke untere Bildschirmecke drückt, kommt

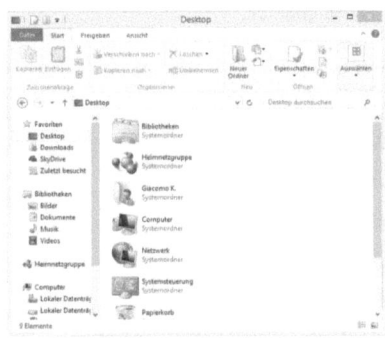

Abbildung 40; Windows Explorer

in das neue Startmenü. Unter Windows 8.1 fügte Microsoft allerdings wieder (nach heftiger
Kritik der User) einen Startbutton ein – der den Nutzer in das Startmenü bringt.

Der Windows-Explorer wurde optisch überarbeitet und bietet nun unter anderem die
Funktion, .ISO Abbilder direkt im Windows Explorer ohne Zusatzsoftware einzubinden.

Der Windows Store ist vergleichbar mit dem Apple App-Store oder andern Stores für Smartphones. Microsoft schafft damit, speziell für die „Core"-Version, eine fixe Bindung zu einer Bezugsquelle für Software.

Abbildung 41; Windows Store

Der Taskmanger wurde von Microsoft auch überarbeitet. Erstmal werden „Mehr Details" angezeigt und der Benutzer hat neben der Übersicht über alle laufenden Prozesse und Programme auch Überblick über die CPU, den Arbeitsspeicher, Festplatten und Netzwerkauslastung, sowie zu weiteren Details zu den eben erwähnten Komponenten.

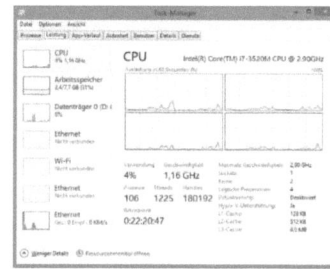

Abbildung 42, Task-Manager

Auch neu an der Metro-Oberfläche ist die „Charm-Leiste": Diese erscheint, wenn man an den rechten oberen oder unteren Bildschirmrand fährt. Anschließend erscheint eine Menüleiste, wodurch der Benutzer Zugriff auf die Einstellungen (und in weiter Folge auch auf die Schaltflächen „Herunterfahren", „Neu Starten" und „Abmelden"), eine Suchfunktion, sowie „Teilen" und „Geräte" hat. Unter „Geräte" findet der Nutzer alle

Abbildung 43; Windows 8 Desktop

angeschlossenen Geräte vor (egal ob Drucker, Bluetooth-Gerät oder Monitor). Unter „Einstellungen" verbergen sich eine Verknüpfung zu der Systemsteuerung sowie weitere Personalisierungs- und Einstellmöglichkeiten. [3]

[3] Vgl. KLINGEN, Giacomo; URL: http://os-history.de/windows/8.html [28.10.14]

3 Die Entwicklung von Apple DOS bis Macintosh OS 10.10

Apple DOS war das erste Betriebssystem, das Apple 1978 für den Apple II herausgebracht hatte, davor wurden Apple Computer ohne eigenes Betriebssystem und oft auch sogar ohne Festplatte ausgeliefert. Die erste Version, die an die Öffentlichkeit gebracht wurde, war die Apple DOS Version 3.1, alle vorherigen Versionen wurden auf Grund von zu vielen Bugs nicht veröffentlicht. Apple DOS war nur mit 5,25 Zoll Disketten als Speichermedium kompatibel und konnte

Abbildung 44; Apple DOS Verpackung

nur Programme ausführen, die in BASIC geschrieben wurden. Aus diesen Gründen wurde die Entwicklung mit dem Aufkommen und der Preissenkung von Datenträgern mit mehr als 400KB (sowohl Festplatten, als auch 3,5 Zoll Disketten) eingestellt.

Im Jänner 1979, circa ein halbes Jahr nach der Veröffentlichung der Version 3.1, kam Version 3.2 auf den Markt. Sie behob einige Probleme und sorgte für die Kompatibilität mit dem damals neuen Apple II+. Auch Version 3.3 ließ nicht lange auf sich warten, brachte aber auch nur

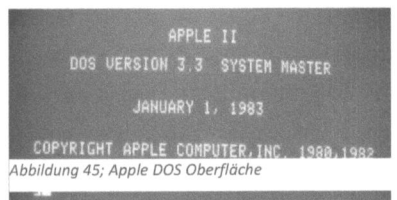

Abbildung 45; Apple DOS Oberfläche

kleinere Fehlerbehebungen mit sich. Anschließend konzentrierte sich Apple auf den neuen Apple III, was zur Folge hatte, dass es über zwei Jahre lang kein Update mehr für Apple DOS 3.3 gab (und somit auch für alle Apple II Geräte), obwohl es bekannt war, dass es immer noch sehr viele Programmfehler gab.

Nachdem der Apple III am Markt floppte, wandte sich Apple wieder der sich gut verkaufenden Apple II Serie und somit wieder DOS zu. Es wurden 1983 noch zwei verbesserte Versionen von Apple DOS verkauft, auch unter der Versionsnummer 3.3, die wieder einige Probleme behoben. [4]

3.1 Mac OS

Das gemeinsam mit dem originalen Macintosh im Jänner 1984 veröffentlichte System 1 war das erste Mac-Betriebssystem. Es benötigte lediglich 216KB Speicher, wovon alleine der Finder (ein Dateimanager, vergleichbar mit dem Windows Explorer) schon 41KB einnahm. Das System war sehr intuitiv und einfach zu bedienen, da es auf jede Art der Texteingabe verzichtete und alles

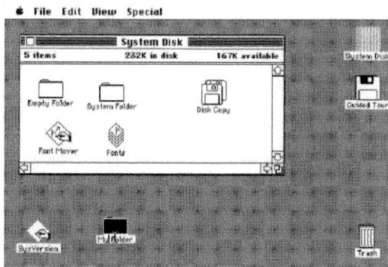

Abbildung 46; Mac OS Oberfläche

rein grafisch dargestellt wurde, was es vor allem für Einsteiger sehr interessant machte. Die Grundfunktionen des aktuellen „Finders" sind bereits in der ersten Version wiederzufinden.

Die folgenden Informationen zur Entwicklung von Macintosh beziehen sich, falls nicht anders angegeben, auf „The Early Mac OS" von Andy Mesa. [5]

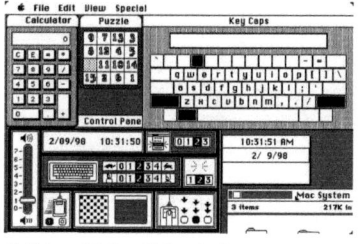

Abbildung 47; Mac OS Standardprogramme

System 1 bot bereits damals einige Standardprogramme („Desktop-Zubehör" genannt), wie einen Taschenrechner, Wecker, Puzzle, einen Texteditor („Notepad"), sowie die Systemeinstellungen. Außerdem gab es „Scrapbook", eine Art Notizbuch, welches es auch erlaubte, Fotos zu speichern.

System 1.0 hatte aber auch einige Probleme: Mit dem Mac-System wurde auch ein Tutorial mitverkauft, welches dem Nutzer die Verwendung der Maus näherbringen sollte. Das Problem war aber, dass es nicht mit System 1 kompatibel war und abstürzte. Dies und viele weitere Kleinigkeiten-wie das Nichtvorhandenseins einer „Neuen Ordner" Funktion (jeder in Mac formatierte Datenträger hatte einen leeren Ordner im Startverzeichnis; wurde dieser umbenannt, erschien automatisch wieder ein neuer) veranlassten die schnelle Veröffentlichung von System 1.1.

System 1.1 war hauptsächlich ein Performance- Update. Mac startete viel schneller und auch der Finder wurde optimiert. Es wurde der „Aufräum" – Befehl eingeführt: Bei einem Sekundärklick kann man „Aufräumen" wählen, es werden alle Symbole schön symetrisch platziert. Aber es gab immer noch keinen „Neuen Ordner" Befehl.

---

[5] Vgl. MESA, Andy (1997/98): The Early Mac OS; URL: http://applemuseum.bott.org/sections/os.html [7.11.14]

Mit **System 2** wurde vor allem der Finder überarbeitet: Es gab endlich den „Neuen Ordner" Befehl und erstmals war eine Listendarstellung möglich (diese konnte auch direkt über die neu eingeführte Druckfunktion aus dem Untermenü gedruckt werden). Es wurde erneut an der Perfomance gearbeitet, außerdem gab es ab jetzt eine Ausschalt- Funktion und der Benutzer

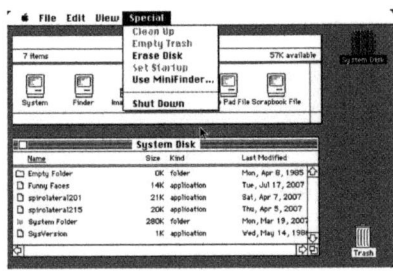

Abbildung 48; System 2 Schreibtisch & Finder

konnte Datenträger auswerfen, indem sie in den Papierkorb verschoben wurden.

System 3

Die wichtigste Neuerung war die Einführung des Hierarchical File Systems (HFS). Es war viel schneller und stabiler als der Vorgänger, das „Macintosh File System" (MFS), und außerdem konnte der Nutzer nun Unter-Ordner in einem Ordner erstellen, was bis dahin nicht möglich war. Änderungen von Dateien im Finder und das Erstellen und Verändern von Ordnern wurden

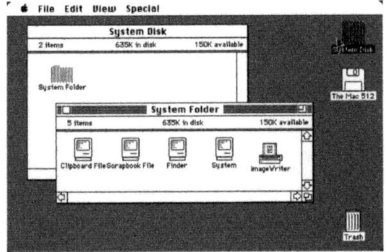

Abbildung 49; System 3 Schreibtisch & Finder

sofort vom HFS gespeichert und musste nicht mehr, wie mit dem MFS, manuell gesichert werden, bevor man den Finder beendete oder den Desktop aktualisierte.

Die Versionen 3.1 und 3.2 waren hauptsächlich Fehlerbehebungen, mit System 3.3 kamen allerdings einige Neuerungen. Neu war die Apple Share – Software, eine Netzwerksoftware, die auch die Grundlage für das „Macintosh Office" war.

System 4

Mit System 4 kamen, außer einem Systemsteuerungsmenüpunkt für Apple Talk, keine Neuerungen.

Bereits ein Monat später kam 4.1 heraus. Es brachte eine neue Version von Apple Share mit sich, welches die Kompatibilität zu dem neuen Mac II sicherte. Damit wurde allerdings auch die Kompatibilität zu den ersten zwei Macintosh Computern beendet, da ein MegaByte Arbeitsspeicher vorausgesetzt wurde, diese jedoch nur 128KB oder 512KB aufbringen konnten.

System 4.2 brachte ein überarbeitetes „Über Finder" – Fenster mit sich, das dem Benutzer den Arbeitsspeicher anzeigte, ähnlich wie heute „Über diesen Mac". Unter den Systemeinstellungen waren erstmals Farbeinstellungen zu finden (natürlich nur anwendbar auf Macs mit Farbdisplay) und das Kopieren von Daten im Finder wurde verbessert: Es gab jetzt eine Fortschrittsanzeige und einen „Abbrechen"- Knopf. Die wichtigste Neuerung war aber der Multifinder, der es erstmals zuließ, mehrere Programme auf einmal zu verwenden (Multi Tasking). Dies war bereits durch Drittanwender-Software vorher möglich gewesen, war jetzt aber offiziell in Mac OS integriert und wurde auch von Apple entwickelt. Außerdem konnte ab jetzt (mit Apples „Laser Writer" – Drucker) im Hintergrund gedruckt werden.

System 5

Diese Version ist, bis auf wenige Änderungen im Finder und kleineren Bugfixes, unverändert im Vergleich mit System 4.

System 6

Das im April 1988 veröffentlichte System 6 brachte neue Funktionen mit sich.

Dazu zählte der „MacroMaker", mit dem der Nutzer Maus- und Tastatureingaben aufnehmen und als Makro speichern konnte. Des Weitern unterstützte man Apples neuen Drucker (ImageWriter LQ) und dank neuem Treiber konnte dieser auch über Apple Talk im lokalen Netzwerk freigegeben werden. [6]

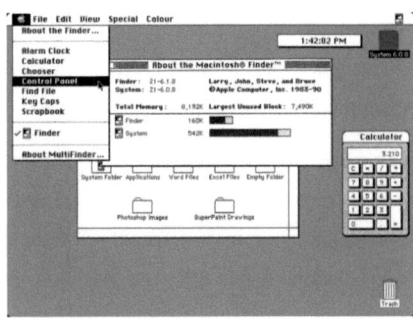

Abbildung 50; System 6 Schreibtisch & Standardprogramme

System 7

Alleine die Entstehungsgeschichte von dem im Mai 1991 veröffentlichten Betriebssystem weist eine Besonderheit auf: Es gab zwei, unabhängig voneinander agierende Entwicklerteams.

Das eine Team musste kleinere Ziele zur Verbesserung eines neuen Systems erfüllen, während das zweite Team aufwändigere Programme entwickelte, also mit Langzeitaufgaben beschäftigt war.

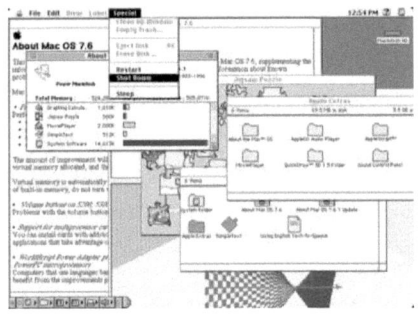

Abbildung 51; System 7 Schreibtisch & Standardprogramme

Die Liste von neuen Features, die System 7 mit sich brachte, war lang. Zu den wichtigsten Neuerungen zählten die verbesserte und komplett in Farbe gehaltene Benutzeroberfläche sowie permanentes Multitasking. System 7 war ein reines 32 Bit Betriebssystem, was aber zugleich folgendes Problem aufbrachte: Ein Großteil der Software war noch für den älteren 24-Bit Befehlssatz programmiert; deshalb konnte das 32-Bit „Feature" in den Systemeinstellungen deaktiviert werden.

---

[6] Vgl. RASMUSSEN, Eric (15.1.05): System 6; URL: http://en.wikipedia.org/wiki/System_6 [15.11.14]

Zusätzlich gab es eine private Dateifreigabe, mit der Nutzer einzelne Ordner über Apple Talk in einem Netzwerk freigeben konnten; „Drag & Drop" wurde eingeführt, was dem Benutzer ermöglichte, einzelne Dateien einfach in das gewünschte Programm zu ziehen (engl. „to drag") und sie anschließend loszulassen („to drop"), um sie in dem Programm zu verwenden. Außerdem wurde die „Alias" Funktion hinzugefügt, die auch noch in der aktuellen Version von OS X verwendet wird. Für den Windows-Nutzer ist diese Funktion als „Verknüpfung" bekannt - es wird eine kleine Datei von einem großen Programm erstellt, die verschoben und über die das Programm anschließend gestartet werden kann.

Mac OS 7.6

1997 veröffentlichte Apple das letzte Update für System 7. Ab jetzt wurde Apples Betriebssystem offiziel „Mac OS" genannt. Neben kleineren Bugfixes im Vergleich mit der ersten Version brachte diese noch eine stark verbesserte Unterstützung für die neue „PowerPC" Architektur mit, auf der alle Macs zwischen den 90er Jahren und 2005 aufgebaut waren. [7]

Mac OS 8

Neben der neuenBenutzeroberfläche „Platinum" wurde auch der Finder stark überarbeitet: Es gab eine „Einfacher Finder" Funktion, die alle (für Laien) unwichtigen und kompizierteren Funktionen des Finders ausblendete, sodass das Arbeitsprozedere für ungeübte Nutzer so angenehm wie möglich war; außerdem wurde die Performace

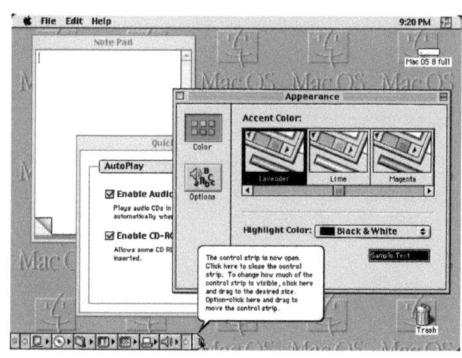

Abbildung 52; Mac OS 8 Schreibtisch & Systemsteuerung

verbessert, sodass während eines Kopiervorganges ganz normal weitergearbeitet werden konnte, und es wurde der „Sekundärklick" eingeführt (ähnlich wie der „Rechtsklick" in Windows).

Ab Version 8.1 wurde das neue „Mac OS Extended"-Dateisystem (HFS+) verwendet, welches auch unter OS X 10.10 noch genützt wird. Es konnte Informationen effizienter verwalteten und somit Speicherplatz einsparen, außerdem unterstützten Macs ab jetzt Festplattenpartitionen von bis zu zwei Terabyte.

Des Weiteren wurde auch auf den Zugang zum Internet Wert gelgt: Der Netscape Navigator sowie Microsofts Internet Explorer waren jeweils in Version drei bereits in Mac OS integriert.[8]

Mac OS 9

Im Oktober 1999 wurde Mac OS Version 9 vorgestellt. Es wurde zwei Jahre lang, bis zum Dezember 2001, weiterentwickelt, und ist mit Version 9.2.2 das letzte „klassische", auf den Grundlagen von Mac OS basierende Betriebssystem, welches anschließend von Mac OS X mit einem völlig neuem Kernel abgelöst wurde.

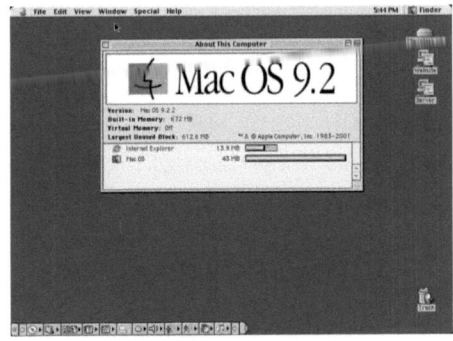

Abbildung 53; Mac OS 9 Schreibtisch & Über diesen Mac

Die Oberfläche blieb im Vergleich zum Vorgänger unverändert, aber es wurden neben Bugfixes auch andere Funktionen verbessert und hinzugefügt. [9]

---

[8] Vgl. SABLE; Tyler (28.6.14): Mac OS 8 and 8.1: Maximum Size, Maximum Convenience; URL: http://lowendmac.com/2014/mac-os-8-and-8-1-maximum-size-maximum-convenience/ [25.11.14]
[9] Vgl. LINEBACK, Nathan: Mac OS 9.2.2; URL: http://toastytech.com/guis/macos9.html; [14.12.14]

Neue Funktionen waren unter anderem die Unterstützung von mehreren Benutzerkonten; „VoicePrint" ermöglichte die Kontoabsicherung über Sprach-/Stimmerkennung; der Schlüsselbund, der, wie auch beim aktuellen Mac OS X, die Funktion bot, Passwörter zu speichern, eine Software-Update

Abbildung 54; Anmeldefenster

Abbildung 55; Softwareaktualisierungen

Funktion, welche automatisch Updates für das System sucht, von Apple herunterlädt und installiert, sowie einige Neuerungen im Dateimanger Finder: Unterstützung für Dateien über 2GB, 128-Bit Dateiverschlüsselung, die Unterstützung von UNIX Datenträgern, sowie die Möglichkeit, Dateien dirket aus dem Finder auf eine CD zu brennen. [10]

Das als „Bestes Internetbetriebssystem aller Zeiten" angepriesene Mac OS 9 wurde bei der Apple Developer Converance 2002 offiziell mit einem Sarg beerdigt, womit die Ära der „klassischen" Mac Betriebssysteme endete. „Mac OS 9 is survived by it's next generation, Mac OS X, with thousands of applications – most of them legitimate"[11].

Abbildung 56; Steve Jobs bei der "Beerdigung" von Mac OS 9

[10] Vgl. McMILLAN, Alistair (16.8.04): Mac OS 9; URL: http://en.wikipedia.org/wiki/Mac_OS_9#Features [14.12.14]
[11] Steve Jobs; Apple WWDC 2002 [15.12.14]

Mac OS X 10.0

Apple veröffentlichte im März 2001 eine neue Art des Mac
Betriebssystems. Die erste Version der „X" Reihe, Gepard genannt,
basierte nicht mehr auf dem Vorgänger, sondern auf NextStep OS,
welches Steve Jobs während seiner Abwesenheit bei Apple entwickelt
hatte.

Abbildung 57; Mac OS X
Verpackung

Das neue System baut auf einer UNIX Grundlage auf, was es im
Vergleich mit dem Vorgänger wesentlich stabiler, schneller und sicherer machte.

Apple verpasste dem OS eine neue Oberfläche,
Aqua. Neu war auch das Dock, gewissermaßen mit
der Taskleiste vergleichbar, das abgesehen von
leichten Designänderungen heute immer noch
unverändert verwendet wird. Neu waren auch noch
ein vorinstalliertes Mailprogramm, ein Adressbuch,
sowie die „Vorschau", mit der PDF-Dokumente
betrachtet werden konnten. [12]

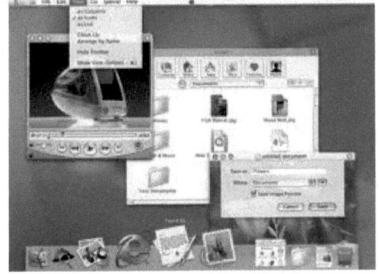

Abbildung 58; OS X Schreibtisch &
Standardprogramme

Mac OS X 10.1

Das neue System, Puma, veröffentlicht im
September 2001, behob vor allem zahlreiche
Probleme, wie etwa Abstürze (sogennte Kernel-
Panics), Kompatibilitätsprobleme und verbesserte
die Performance. Neben diesen Updates wurde
auch noch ein DVD-Player hinzugefügt, sowie die
3D-Performace dank neuem OpenGL verbessert
und es wurden auch mehr Druckermodelle
unterstützt. Puma[13] war für alle Nutzer der Version

Abbildung 59; OS X 10.1 Schreibtisch &
Standardprogramme

10.0 gratis, alle anderen mussten, wie auch bei der Vorgängerversion, 129USD bezahlen. [14]

---

[12] Vgl. URL: http://apple.wikia.com/wiki/Mac_OS_X_10.0 [20.12.14]
[13] Vgl. NELSON, Tom: OS X History - A Guide to How We Got Here; URL:
http://macs.about.com/od/macoperatingsystems/tp/Os-X-History-A-Guide-To-How-We-Got-Here.htm
[21.12.14]
[14] Vgl. URL: http://apple.wikia.com/wiki/Mac_OS_X_10.1 [20.12.14]

Mac OS X 10.2

Version 10.2, Jaguar, Mitte 2002 veröffentlicht, trug den Tiernamen erstmals offiziell als Versionsnamen.

Neben einer erneuten, dramatischen Performanceverbesserung gegenüber den Vorgängern unterstützte Mac jetzt auch die neuen Grafikkarten von nVidia und Ati, was sie darafhin auch bei Grafikern und Videoproduzenten beliebt machte. Neu unter Jaguar waren iChat, ein Instant Massenger von Apple, ein adaptiver Spam-Filter für das Mailprogramm, bessere Zusammenarbeit mit Windows Netzwerken, sowie eine Dateisuchfunktion, die in jedem Finder Fenster verwendet werden konnte. [15]

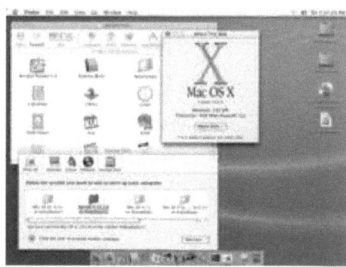

Abbildung 60; OS X 10.2 Schreibtisch & Standardprogramme

Mac OS X 10.3

Das im Oktober 2003 veröffentlichte Mac OS X Panther brachte erneut nennenswerte Geschwindigkeitsverbesserungen mit sich. Dem Finder wurden neben einer neuen Oberfläche auch eine Echtzeitsuche und eine veränderbare Seiten/Favoritenleiste verpasst. Zu den weiteren Neuerungen zählten unter anderem „Expose", was dem Nutzer ermöglichte, schnell und einfach

Abbildung 61; OS X 10.3 Schreibtisch & Standardprogramme

zwischen vielen offenen Programmen und Fenstern zu wechseln; iChat AV - der firmeneigene Instantmassenger wurde mit einer Videochatfunktion versehen, Xcode - ein Entwicklerwerkzeug, und viele weitere, kleine Verbesserungen. Eine weitere, wichtige Neuheit war die Integration von zwei Sicherheitsfeatures: Sicheres Löschen und FireVault, ein Dateiverschlüsselungsprogramm. Außerdem löste Apples eigener Browser „Safari" den bis dato verwendeten InternetExplorer für Mac ab. [16]

---

[15] Vgl. URL: http://apple.wikia.com/wiki/Mac_OS_X_10.2 [23.12.14]
Vgl. NELSON, Tom: OS X History - A Guide to How We Got Here; URL:
http://macs.about.com/od/macoperatingsystems/tp/Os-X-History-A-Guide-To-How-We-Got-Here.htm
[23.12.14]

[16] Vgl. URL: http://apple.wikia.com/wiki/Mac_OS_X_10.3 [23.12.14]

Mac OS X 10.4

Das im April 2005 veröffentlichte Mac
OS X Tiger brachte mehr als 200 neue
Funktionen mit sich. Zu den wichtigsten
zählte ein überarbeiteter Kernel, der
neben voller 64-Bit Fähigkeit auch eine
neue Art der Daten- und
Grafikverarbeitung bot (CoreData &
CoreImage). Neu war auch „Spotlight"
- eine Volltextsuchfunktion, die nicht
nur das gesamte System nach Daten
durchsuchen konnte, sondern sogar
nach einzelnen Wörtern in einem PDF-
Dokument. Des Weiteren wurden noch
VoiceOver, ein Programm, das den gesamten
Bildschirminhalt vorlesen konnte, Grapher, ein
Mathematikprogramm, und ein Lexikon
hinzugefügt. Abschließend wurden noch
QuickTime Player 7 und der „Automator", ein
Programm, welches dem Nutzer ermöglicht
einzelne Programme und Abläufe
„aufzuzeichnen" und diese immer wieder
automatisch abspielen zu lassen, hinzugefügt.

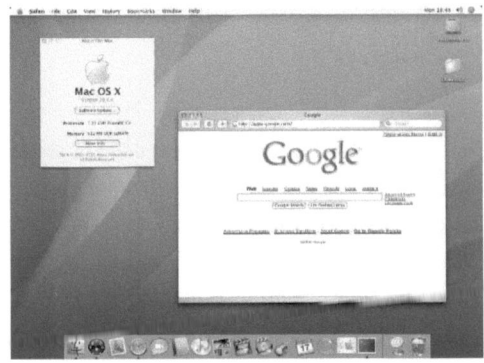

Abbildung 63; OS X 10.4 Schreibtisch & Safari

Abbildung 62; OS X Tiger Installations DVD

Im Jänner 2006 brachte Apple ein Update auf die Version 10.4.4 heraus, welches das erste
Mac-Betriebssystem war, das die neuen Mac Computer mit Intel Prozessoren unterstützte. [17]

---

[17] Vgl. URL: http://apple.wikia.com/wiki/Mac_OS_X_10.4 [26.12.14]

Mac OS X 10.5

Mit dem Anfang 2007 veröffentlichten Mac OS X
Leopard konzentrierte sich Apple vor allem auf
die Verbesserung der Kompatibilität mit den Intel
CPUs. Neben Aktualisierungen der meisten
Standardprogramme, wie etwa dem Kalender, dem
Adressbuch, dem Lexikon oder der Mail-
Anwendung, wurden Änderungen an der
Oberfläche vorgenommen. Neu war auch die
„Spaces" Funktion: Damit konnte der Nutzer

Abbildung 64; OS X 10.5 Schreibtisch & Programme

verschiedene Arbeitsflächen erstellen, was ein großer Vorteil war, wenn mit mehreren
Programmen gearbeitet wurde. Das wichtigste neue Programm war aber zweifelsfrei „Time
Machine". Einmal aktiviert, werden automatisch alle (veränderten) Daten immer wieder auf
einer externen oder internen Festplatte gesichert. Der Nutzer kann anschließend den
gewünschten Ordner, in welchem eine Datei verloren ging, öffnen, Time Machine starten,
chronologisch nach der veränderten Datei suchen und sie wiederherstellen.

Für alle Intel Macs gab es noch ein wichtiges Feature: BootCamp. Dieser Assistent
ermöglichte es, Windows auf einem Mac als Zweitsystem zu installieren. Dies hatte den
Vorteil, dass Windows jetzt nicht mehr über einen virtuellen Computer emuliert werden
musste, sondern als eigenes System die volle Leistung des Computers ausschöpfen konnte. [18]

---

[18] Vgl. SNELL, Jason (25.10.07): Review: Mac OS X Leopard; URL:
http://www.macworld.com/article/1060685/leopard_review.html [26.12.14]

Mac OS X 10.6

Das im Juni 2009 veröffentlichte Mac OS X
Snow Leopard war das erste Mac-System,
welches nur für Intel-Macs erschien. Bereits
die Namensgebung im Vergleich zum
Vorgänger sollte darauf hinweisen, dass diese
Version eher als großes Update und weniger
als neues Betriebssystem anzusehen ist. Es
wurden auch keine neuen Features
hinzugefügt, volles Augenmerk wurde auf die
Performance und Effizienz von Mac gelegt.

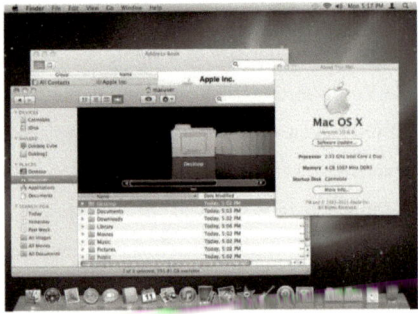

Abbildung 65; OS X 10.6 Schreibtisch & Programme

Mit der Integration von Techniken wie OpenCL wurde es Programmen ermöglicht, direkt auf
die Rechenleistung der Grafikkarte zurückzugreifen, was Videoschnitt- und
Grafikprogrammen einen immensen Leistungsschub gab. [19]

Mit dem Update auf Version 10.6.6 wurde der
App-Store in das System integriert.
Designtechnisch ist dieser kaum von der mobilen
Version zu unterscheiden, in Sachen Auswahl
steht er dieser aber auch heute noch um einiges
nach. [20]

Abbildung 66; OS X 10.6.6 Mac - App-Store

---

[19] Vgl. ROSEN, Adam (25.7.12): Cats on the Prowl: The Evolution of Mac OS X From Cheetah to Mountain Lion;
URL: http://www.cultofmac.com/180493/cats-on-the-prowl-the-evolution-of-mac-os-x-from-cheetah-to-mountain-liongallery/2/ [2.1.15]

[20] Vgl. URL: http://apple.wikia.com/wiki/Mac_OS_X_10.6.6 [2.1.15]

Mac OS X 10.7

Das im Juli 2011 veröffentlichte OS X Lion
brachte nun wieder einige Änderungen mit
sich. Nachdem mit Snow Leopard bereits die
Unterstützung für PowerPC Macs gestrichen
wurde, entfernte man nun auch Rosetta, einen
integrierten Emulator, der es Intel-Nutzern
bis jetzt erlaubt hatte, PowerPC Anwendungen zu starten.

Abbildung 67; OS X 10.7 Schreibtisch

Abbildung 68; OS X 10.7 Launchpad

Mit dieser Version begann Apple damit, Mac
und ihr mobiles Betriebssystem iOS zu
vereinen. Lion bekam das „Launchpad"
spendiert. Mit einem Klick darauf werden alle
installierten Anwendungen, wie auf dem
iPhone oder iPad, rasterartig dargestellt. Des
Weitern wurden auch Multi-Touch-Gesten
sowie die Scroll-Richtung von den mobilen
Geräten übernommen. Außerdem wurde die Scroll-Leiste versteckt, nur wer während des
Scrollens den Mauszeiger zum rechten Bildschirmrand bewegt, bekommt sie zu sehen und
kann die Leiste auch verwenden.

Neben einigen kleineren
Oberflächenänderungen wurde auch der
Vollbildmodus für (fast) alle
Anwendungen hinzugefügt. Neben der
„Fortsetzen" Funktion - wird eine
Anwendung neu geöffnet, ist man immer
noch an derselben Position wie vor dem
Beenden - vereinte Apple auch die von den
Vorgängern bekannten Features Exposé
und Spaces zur „Mission Control" (Kommandozentrale). [21]

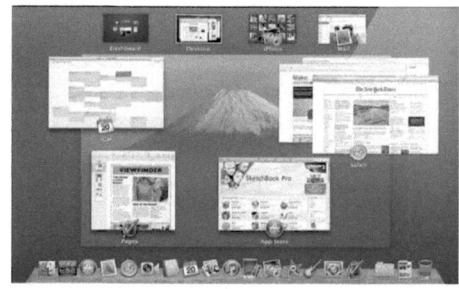

Abbildung 69; OS X 10.7 Mission Control

---

[21] Vgl. URL: http://apple.wikia.com/wiki/Mac_OS_X_10.7 [3.1.15]

Mac OS X 10.8

Das im Juli 2012 veröffentlichte OS X Mountain Lion hat sich von der Oberfläche im Vergleich mit den Vorgängern nicht verändert. Neu ist die Mitteilungszentrale, die jederzeit vom rechten Bildschirmrand hereingezogen werden und dem Nutzer neben aktuellen und persönlichen Nachrichten auch das Wetter und andere Informationen von Minianwendungen mitteilen kann. Außerdem wurde die

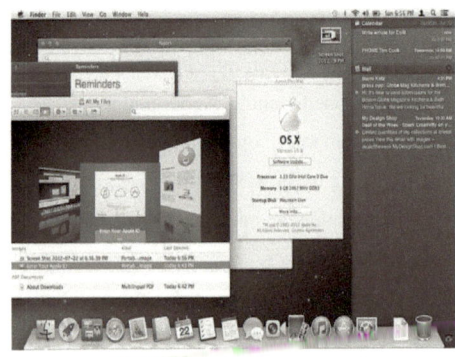

Abbildung 70; OS X 10.8 Schreibtisch, Programme & Mitteilungszentrale

iCloud, ähnlich wie bei Apples Mobilgeräten mit den Erinnerungen, Notizen, Mail, iMessage, GameCenter und weiteren Funktionen integriert. Es wurde auch noch das „AirPlay Mirroring", die Funktion, das AppleTV kabellos als zweiten Monitor zu verwenden, von den Mobilgeräten übernommen. [22]

Mac OS X 10.9

Im Oktober 2013 wurde OS X Mavericks veröffentlicht. Apples Hauptziel mit Mavericks war die Verbesserung der Akkulaufzeit, was dank „Timer coalescing" (es werden die Zugriffe auf die CPU um bis zu 70% minimiert) und neuester OpenGL-Technologie auch gelang. Für die Energieeffizienz war „App Nap" auch noch ein erwähnenswertes Feature: Alle heruntergelegten Anwendungen (die diese

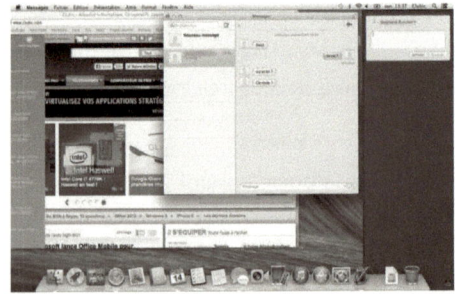

Abbildung 71; OS X 10.9 Schreibtisch, Programme & Mitteilungszentrale

Funktion unterstützen) werden eingefroren, so können sie keine weitere Energie im Hintergrund verbrauchen. Der Finder wurde auch überarbeitet, ab jetzt gab es Tabs und einen Vollbildmodus. Es wurden außerdem die von iOS bekannten Apps „Karten" und „iBooks" hinzugefügt. [23]

---

[22] Vgl. URL: http://apple.wikia.com/wiki/Mac_OS_X_10.8 [10.1.15]
[23] Vgl. URL: http://apple.wikia.com/wiki/Mac_OS_X_10.9 [11.1.15]

Mac OS X 10.10

Das im Oktober 2014 veröffentlichte OS X Yosemite ist die elfte und bis jetzt aktuellste Version von Mac OS. Yosemite wurde eine völlig neue Benutzeroberfläche verpasst, die einen 3D-Look erzeugen sollte. Die Icons und alle Fenster sind leicht transparent; außerdem gibt es einen „Dark Mode", der das helle „Dock" und die Menüleiste abdunkelt.

Die Spotlight-Suche (*Abbildung 72*) bekam ein eigenes Interface verpasst. Außerdem arbeitet sie jetzt besser mit Dateien aus Programmen zusammen und kann auch das Internet sowie den iTunes- und auch den App Store durchsuchen.

Abbildung 72; OS X 10.10 Spotlight-Suche & Dark Mode

Die Mitteilungszentrale (*Abbildung 73*) hat eine „Heute" Übersicht und zeigt Informationen und Ereignisse des heutigen Tages an.

Apple bietet ab jetzt auch einen in den Finder integrierten Cloud-Speicher, die iCloud Drive, an. Die iCloud arbeitet mit dem Mail-Programm zusammen und erlaubt dem Nutzer das Versenden von großen Anhängen, die verschlüsselt über die iCloud abgerufen werden können und nicht mehr direkt mit der Mail versendet werden.

Abbildung 73; OS X 10.10 Schreibtisch, Nachrichten, Finder & Mitteilungszentrale

Die Zusammenarbeit zwischen Mac OS und Apples mobilem System iOS wurde auch verbessert: Ab jetzt ist es möglich; Anrufe am Mac entgegenzunehmen und auch eine SMS direkt am Mac zu schreiben, die anschließend über das iPhone versendet wird. Ein weiteres neues Feature ist „Handoff"- es erlaubt z. B. ein

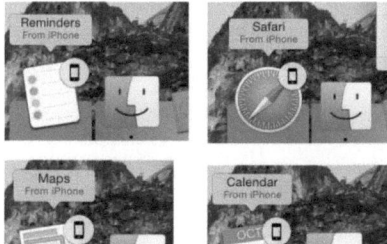

Abbildung 74; OS X 10.10 Handoff

Textdokument am iPad zu erstellen und dieses sofort am Mac weiter zu verwenden. [24]

4 Der Vergleich von Windows 8.1 und Mac OS X Yosemite

4.1 Die Benutzeroberfläche

Seit den Anfängen von Macintosh und der Windows Premiere Edition haben sich die damals noch recht ähnlichen Systeme über die Jahre hinweg immer weiter voneinander entfernt - nicht nur optisch, sondern auch in Bezug auf die Architektur, den gesamten Aufbau des Systems.

Die große Ähnlichkeit, die die beiden Systeme damals hatten, nahm Apple auch zum Anlass, um Bill Gates und Microsoft wegen Plagiatsvorwürfen zu verklagen, allerdings erfolglos. In den folgenden Jahren wurde Windows stark verändert, woraufhin sich die Systeme weiter entfremdeten. Erst im August 1997, als Steve Jobs für die Rettung von Apple zu ihnen zurückkehrte, gab es wieder Annäherungen zwischen den Firmen. Steve Jobs schloss einen Vertrag mit Bill Gates. Dieser beinhaltete, dass Apple alle Plagiatsvorwürfe fallen ließ, gleichzeitig Microsoft aber wieder Programme für den Mac lieferte und Apple einen Scheck über 150Mio. USD bekam[25]. Um die Jahrtausendwende brachte Microsoft eine Anwendung, den Virtual PC, heraus, die es Mac Benutzern erlaubte, Windows 2000 oder ME auf ihrem Mac zu emulieren. Diese Methode der Emulation benötigte extrem viel Rechenleistung und hatte somit auch große Performanceeinbußen, was ein Arbeiten mit etwas rechenintensiveren Programmen unmöglich machte. Eine vernünftige Lösung, um Mac User in den Genuss der Windows - Programmvielfalt kommen zu lassen, wurde erst 2006 von Apple vorgestellt - der Boot Camp-Assistent. Nach dem Umstieg Apples auf Intel Prozessoren war es nun ein Leichtes, Windows, nur mithilfe von wenigen, von Apple auf ihre Hardware zugeschnitten Treibern, neben Macintosh als zweites Betriebssystem zu installieren. Mit dieser Methode hatte das Windows System die volle Leistung zur Verfügung, wodurch es performancetechnisch keinem Windows – PC mehr nachstand.

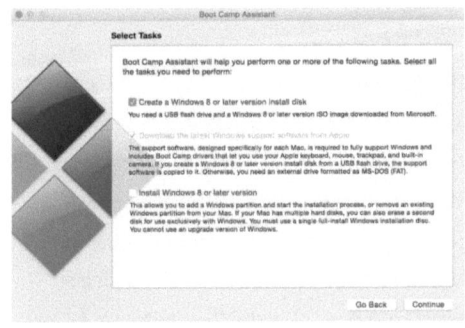

Abbildung 75; Boot Camp-Assistent in OS X 10.10

---

[24] Vgl. URL: http://apple.wikia.com/wiki/OS_X_10.10 [16.1.15]
[25] Vgl. C. Productions: Die Apple Story, 28.12.11, TC: 24:01

Nico Maritschnig

Richtet man nun aber seinen Blick nicht mehr auf die Geschichte der Systeme, sondern vergleicht die einzelnen Funktionen der aktuellsten Versionen miteinander, ergeben sich weit mehr Ähnlichkeiten, als möglicherweise vermutet werden könnte.

Abbildung 76; Vergleich zwischen Windows und Mac Desktop sowie Programmordner

Möchte der Benutzer nun ein Programm starten, so bietet Windows 8.1 die Möglichkeit, es über eine Verknüpfung auf dem Desktop oder der Taskleiste, über den Startbildschirm oder direkt über den Programmordner zu öffnen. OS X Yosemite bietet dies aber auch: Die Anwendung kann ebenfalls über ein Alias auf dem Schreibtisch oder im Dock, über das Launchpad oder über den Programmordner gestartet werden.

Auch der Windows-Explorer weist im Vergleich mit dem Finder nicht viele Unterschiede auf; im Prinzip können beide Dateimanager dasselbe: Sie zeigen alle Dateien an, die sich auf einem gewissen Pfad auf der Festplatte befinden. Mit beiden kann diese Datei umbenannt, kopiert oder verschoben werden. Beide besitzen in der aktuellsten Version einen direkt verknüpften Cloud-Speicher, sie zeigen auch alle anderen Geräte an, die sich in demselben Netzwerk befinden.

Abbildung 77; Vergleich zwischen Windows Explorer und Macs Finder

Seit der Rückkehr von Steve Jobs zu Apple, der einen Vertrag mit Bill Gates mit sich brachte, gab es wieder Annäherungen zwischen Apple und Microsoft. So bringt Microsoft alle paar Jahre sein Office – Paket auch für den Mac heraus, Apple unterstützt Windows Netzwerke sowie das NTFS – Dateisystem. Auch die Mausbedienung wurde verändert, um es Windows – Umsteigern leichter zu machen, nun kann der Rechtsklick auch mit der rechten Maustaste oder der rechten unteren Ecke des Touchpads ausgeführt werden, außerdem ist die in Mac umgekehrte Scrollrichtung veränderbar.

So unterschiedlich die zwei System auf den ersten Blick auch erscheinen, so viel haben sie, zumindest in Bezug auf die Oberfläche, aber auch gemein.

Abbildung 78; Microsoft Office Paket für Macintosh

4.2 Die Funktionen

Ein wichtiges Kaufargument für viele
Nutzer sind die Funktionen, die das
gekaufte System direkt nach dem
Start bieten. Sowohl OS X Yosemite
als auch Windows 8.1 haben einen
eigenen App Store, aus dem eine
große Auswahl an Software geladen
werden kann, beide besitzen aber
auch viele vorinstallierte, nützliche
Funktionen. So bieten sie etwa einen
Taschenrechner, einen Texteditor,
einen eigenen Internet – Browser
sowie Sicherheits- oder Verschlüsselungsfunktionen.

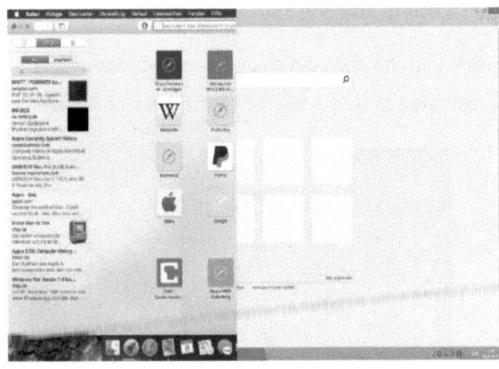

Abbildung 79; Apples Safari und Microsofts Internet-Explorer

Macintosh bietet das „Vorschau" Tool, welches alle
gängigen Dateiformate öffnen kann, von einem PDF –
Dokument über ein Bild, über eine MP3 – Datei bis hin zu
einem Videoclip. Zusätzlich gibt es bei Mac neben iTunes
auch noch den QuickTime Player, der auch den Desktop
aufzeichnen kann. Windows hingegen hat einen eigenen
Media Player und eine Fotoanzeige. Wer eine PDF – Datei
öffnen, will muss ein Zusatzprogramm aus dem Store

Abbildung 80; Macs Vorschau Anwendung

laden. Jeder neue Mac kommt zusätzlich mit dem iLife und
iWork Softwarepaket auf den Markt. Das
iLife Paket beinhalten iPhoto, ein
Bildbearbeitungsprogramm, iMovie, ein
Videoschnittprogramm, GarageBand, einen
Audioeditor. Diesem Softwarepaket kann
Microsoft nichts entgegensetzen, wer
solche Programme benötigt, muss auf
Drittanbietersoftware zurückgreifen. Das
iWork Paket beinhaltet Pages, Numbers
und Keynote – Apples Gegenstück zu Microsoft Office.

Abbildung 81; Apples iLife und iWork Paket

5 Die Benutzerkontensteuerung

Die Benutzerkontensteuerung ist optisch und funktionell bei Mac und Windows ähnlich aufgebaut.

5.1 OS X Yosemite

Unter Mac sind die „Benutzer & Gruppen" - Einstellungen in den Systemeinstellungen zu finden.

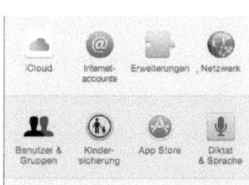

Abbildung 82; Systemeinstellungen OS X 10.10

Der erste Account, der nach dem Aufsetzen vom System angelegt wird, ist ein Administratoraccount. Dieser gibt dem Nutzer die volle Kontrolle über das System. Der Administrator kann jede Datei im System verändern sowie andere Accounts erstellen oder löschen. Der Benutzer eines Standardaccounts kann auf alle Dateien, die sich in seinem Benutzerordner befinden, zugreifen und diese auch verändern oder löschen. Er kann auch neue Anwendungen hinzufügen. Was er nicht kann, ist, andere Accounts zu erstellen oder zu löschen oder gar wichtige Daten und Einstellungen zu verändern. Ein Verwalteter - Account mit aktiver Kindersicherung schränkt den Zugriff auf gewisse, zuvor vom Administrator

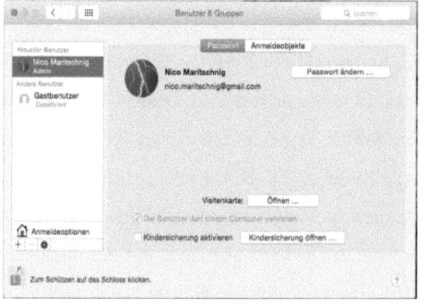

Abbildung 84; Benutzer & Gruppen Einstellungsfenster OS X 10.10

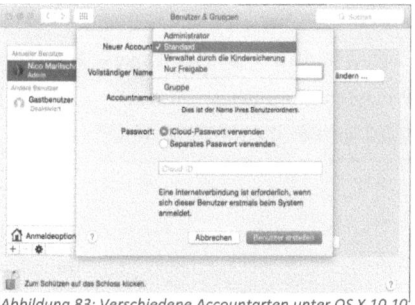

Abbildung 83; Verschiedene Accountarten unter OS X 10.10

festgelegte Bereiche des Systems ein. Die letzte Accountart ist der Gastaccount. Ein Gast kann auf den Mac und dessen Anwendungen zugreifen, kann aber keine Daten verändern, und die von ihm erstellten Daten bleiben nur bis zum nächsten Abmelden gesichert.

Am Mac können außerdem Benutzergruppen erstellt werden. Diese Funktion ist vor allem für größere Netzwerke und Firmen gedacht. So kann festgelegt werden, dass eine gewisse Gruppe nur auf ein festgelegtes Verzeichnis zugreifen kann. [26]

---

[26] Vgl. HUTSKO, Joe, Mac Für Dummies – Alles in einem Band, S.203-210/ 488-489

5.2 Windows 8

Unter Windows ist die Benutzerkontensteuerung ebenfalls in der
Systemsteuerung zu finden. Die Benutzerkonteneinstellungen ähneln
in vielen Teilen jenen unter Mac OS. So ist auch hier der erste
Account, der nach dem Setup erstellt wird, ein Administrator -
Account. Dieser gibt, gleich wie unter Mac, dem Nutzer auch
kompletten Zugang zu allen Daten auf der Festplatte, die
auch verändert werden können. Ein „Standradbenutzer" kann
alle Programme ausführen und Dateien bearbeiten, die nicht
die Sicherheit des Systems bedrohen oder andere Benutzer
beeinflussen können. Auch unter Windows gibt es ein
Gastkonto. Der Benutzer dieses Kontos kann den Computer
verwenden und z. B. im Internet surfen, kann aber keine
Dateien speichern oder bereits gespeicherte Dateien
bearbeiten; er kann aber u. a. ein gespeichertes Dokument
öffnen und betrachten. Es gibt auch unter Windows eine
eigene Accountart für Kinder. Dieser Account hat, gleich
wie bei Mac, nur auf einen bestimmten Bereich des PCs
Zugang und kann auch nur gewisse Webseiten und
Programme aufrufen.

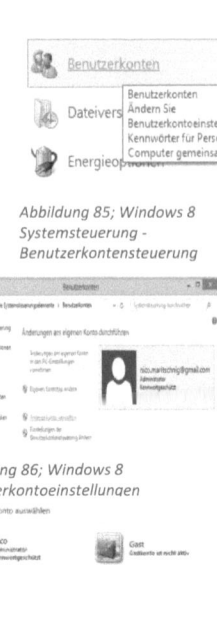

Abbildung 85; Windows 8 Systemsteuerung - Benutzerkontensteuerung

Abbildung 86; Windows 8 Benutzerkontoeinstellungen

Abbildung 87; Windows 8 Benutzereinst.

Abbildung 86; Windows 8 Benutzer erstellen

Abbildung 85; Windows 8 Computerverwaltung

Für Netzwerke gibt es zusätzlich die Möglichkeit,
Benutzergruppen zu erstellen und ihnen gewisse Bereiche
und Funktionen zuzuordnen. Unter Windows können
diese Gruppen zusätzlich noch mit speziellen
Sicherheitsfeatures versehen, bzw. an ihnen erweiterte
Einstellungen vorgenommen werden. Wer diese
erweiterten Benutzerkonteneinstellungen verwenden will,
benötigt unter älteren Windows Versionen entweder die
Professional- oder die Enterprise – Version. Zu finden
sind diese Einstellungen über die Computerverwaltung
(Unterpunkt: System – Lokale Benutzer). [27]

---

[27] Vgl. JARZ Thorsten: Windows 8, S. 57-68

6 Die Umfrage

Eine von mir erstellte Umfrage zur Ermittlung der Gründe, welches Betriebssystem bevorzugt genutzt wird, wurde mit Personen verschiedenen Geschlechts, Alters und Berufs durchgeführt.

6.1 Bevorzugtes System

In puncto Benutzerverteilung bestätigen meine Ergebnisse Microsofts Marktherrschaft deutlich - ca. 85% aller Befragten verwenden ein Windows-Betriebssystem, lediglich 15% verwenden Apples Macintosh und keiner der Befragten verwendet Linux als sein primäres System.

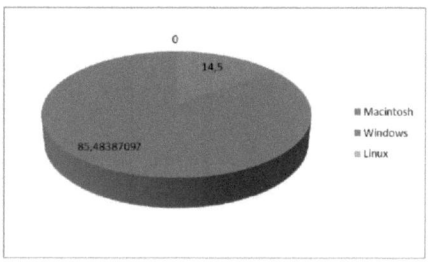

Abbildung 87; Umfrage "Welches Betriebssystem verwenden sie?"

6.2 Grund der Verwendung

Der Hauptgrund für die meisten Windows-Nutzer ist die Gewohnheit (ca. 26%). Der zweitwichtigste Grund für die Wahl des Systems ist, der Umfrage zufolge, die Benutzerfreundlichkeit, die sowohl von den Macintosh-, als auch von vielen

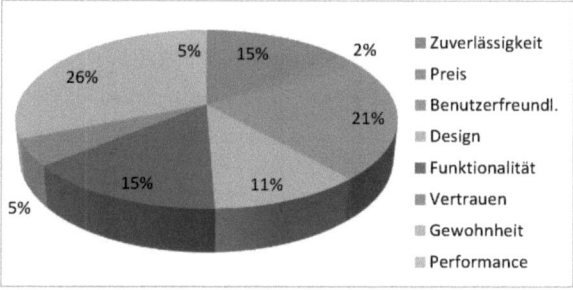

Abbildung 88; Umfrage "Aus welchem Grund verwenden sie ihr System?"

Windows-Usern als Begründung verwendet wurde. Die geringste Relevanz für den Endbenutzer spielt der Preisfaktor - lediglich 2,5% geben den Preis als ausschlaggebendes Kriterium für ihre Wahl des Betriebssystems an. Viele Mac-User geben die Sicherheit und die Immunität gegen Computerviren oft als wichtigsten Grund für ihre Wahl des Systems an. Für meine Umfrage hat dieser Punkt wenig Relevanz, da die Sicherheit des Systems von den Vorsichtsmaßnahmen des Endanwenders abhängig ist, und nicht primär von dem gewählten Betriebssystem.

7 Fazit

Seit den Anfängen von Apple DOS und Microsoft DOS haben sich die beiden Firmen immer wieder voneinander entfernt, haben sich aber auch wieder einander angenähert. Für den Endbenutzer könnten die aktuellen Versionen von Macintosh und Windows aber kaum unterschiedlicher sein. Während Microsoft Wert auf Neuerungen legt, dem System eine völlig neue Optik verleiht und vermehrt auf Touch-Eingabe setzt, wird bei Apple seit 2001 an der Perfektionierung von Mac OS X gearbeitet - ein für Apple-User bekanntes und nur leicht verändertes Design sind die Folge.

Auch die von mir durchgeführte Umfrage brachte in Sachen Marktherrschaft das erwartete Ergebnis – 85% aller Befragten verwenden das Microsoft Betriebssystem. Lediglich bei dem Grund der Verwendung kam ein für mich überraschendes Ergebnis heraus: Lediglich für ca. 2,5% aller Befragten spielte der Preisfaktor für die Wahl des Systems eine Rolle, satte 26.2% gaben hingegen an, ihr aktuelles System aus Gewohnheit zu verwenden.

Schlussendlich haben sowohl Apples Mac als auch Microsofts Windows System ihre Vor- und Nachteile. Welches System verwendet wird, hängt Großteils davon ab, welche Funktion das System erfüllen soll. Die immer noch gängigen Vorurteile, dass Apples Macintosh zu teuer sei und es keine Software dafür gäbe, und dass Microsofts Windows ein unzuverlässiges und unsicheres System sei, sind meiner Meinung nach heutzutage nicht mehr gültig.

8   Literaturverzeichnis

- C. Productions: Die Apple Story, 28.12.11, TC: 24:01

- HIRZEL, Hannes (8.19.01) MS-DOS; URL: http://en.wikipedia.org/wiki/MS-DOS [24.6.14]
- HUTSKO, Joe, Mac Für Dummies – Alles in einem Band, 3. Überarbeitete und aktualisierte Auflage; Weinheim: Wiley-VCH Verlag 2013
- JARZ Thorsten: Windows 8; 1. Auflage; Graz: Servicebetrieb ÖH-Uni Graz GmbH 2013
- KLINGEN, Giacomo; URL: http://os-history.de/windows/8.html [28.10.14]
- KOCH, Norman OS-History; URL: http://os-history.de/ [24.6.14]
- LINEBACK, Nathan: Mac OS 9.2.2; URL: http://toastytech.com/guis/macos9.html; [14.12.14]

- McMILLAN, Alistair (16.8.04): Mac OS 9; URL: http://en.wikipedia.org/wiki/Mac_OS_9#Features [14.12.14]
- MESA, Andy (1997/98): The Early Mac OS; URL: http://applemuseum.bott.org/sections/os.html [7.11.14]
- MUSANTE, Mark (23..9.04): Apple DOS; URL: http://en.wikipedia.org/wiki/Apple_DOS [5.11.14]

- NELSON, Tom: OS X History - A Guide to How We Got Here; URL: http://macs.about.com/od/macoperatingsystems/tp/Os-X-History-A-Guide-To-How-We-Got-Here.htm [21.12.14]
- NELSON, Tom: OS X History - A Guide to How We Got Here; URL: http://macs.about.com/od/macoperatingsystems/tp/Os-X-History-A-Guide-To-How-We-Got-Here.htm [23.12.14]
- RASMUSSEN, Eric (15.1.05): System 6; URL: http://en.wikipedia.org/wiki/System_6 [15.11.14]
- ROSEN, Adam (25.7.12): Cats on the Prowl: The Evolution of Mac OS X From Cheetah to Mountain Lion; URL: http://www.cultofmac.com/180493/cats-on-the-prowl-the-evolution-of-mac-os-x-from-cheetah-to-mountain-liongallery/2/ [2.1.15]
- ROY, Chris (15.1.04): System 7; URL: http://en.wikipedia.org/wiki/System_7 [20.11.14]
- SABLE; Tyler (28.6.14): Mac OS 8 and 8.1: Maximum Size, Maximum Convenience; URL: http://lowendmac.com/2014/mac-os-8-and-8-1-maximum-size-maximum-convenience/ [25.11.14]
- SNELL, Jason (25.10.07): Review: Mac OS X Leopard; URL: http://www.macworld.com/article/1060685/leopard_review.html [26.12.14]

- Steve Jobs; Apple WWDC 2002 [15.12.14]
- URL: http://apple.wikia.com/wiki/Mac_OS_X_10.9 [11.1.15]
- URL: http://apple.wikia.com/wiki/Mac_OS_X_10.0 [20.12.14]
- URL: http://apple.wikia.com/wiki/Mac_OS_X_10.1 [20.12.14]
- URL: http://apple.wikia.com/wiki/Mac_OS_X_10.2 [23.12.14]
- URL: http://apple.wikia.com/wiki/Mac_OS_X_10.3 [23.12.14]
- URL: http://apple.wikia.com/wiki/Mac_OS_X_10.4 [26.12.14]

- URL: http://apple.wikia.com/wiki/Mac_OS_X_10.6.6 [2.1.15]
- URL: http://apple.wikia.com/wiki/Mac_OS_X_10.7 [3.1.15]

- URL: http://apple.wikia.com/wiki/Mac_OS_X_10.8 [10.1.15]
- URL: http://apple.wikia.com/wiki/OS_X_10.10 [16.1.15]

Nico Maritschnig

9 Abbildungsverzeichnis:

10 Anhang

Fragebogen

Bitte markieren Sie Ihre Antworten mit dem „Texthervorhebungstool".

1. **Wie alt sind Sie?**
   a. 10-13
   b. 14-16
   c. 17-20
   d. 21+

2. **Sind Sie…?**
   a. Männlich
   b. Weiblich

3. **Besitzen Sie einen eigenen Computer?**
   a. Ja
   b. Nein

4. **Welches Betriebssystem benutzen Sie zurzeit bzw. haben Sie benutzt?** *(Mehrfachauswahl möglich)*
   a. Macintosh
   b. Windows
   c. Linux

   4a   Falls Macintosh gewählt wurde: Welche Version benutzen Sie? *(Mehrfachauswahl möglich)*
   a. OS X 10.6 älter
   b. OS X 10.7
   c. OS X 10.8
   d. OS X 10.9
   e. OS X 10.10

   4b   Falls Windows gewählt wurde: Welche Version benutzen Sie? *(Mehrfachauswahl möglich)*
   a. Windows XP (oder älter)
   b. Windows Vista
   c. Windows 7
   d. Windows 8 (oder neuer)
   e. Windows RT (Tablet-Version)

5. **Sind Sie mit Ihrem aktuellen System zufrieden?**
   a. Ja
   b. Nein

6. **Warum verwenden Sie es zurzeit?** *(Mehrfachauswahl möglich)*
   a. Zuverlässigkeit
   b. Preis
   c. Benutzerfreundlichkeit
   d. Design
   e. Funktionalität (Programmvielfalt, Pro/Enterprise Software)
   f. Vertrauen
   g. Gewohnheit
   h. Performance
7. **Welches System würden Sie weiterempfehlen?**
   a. Macintosh
   b. Windows
   c. Linux
8. **Warum würden Sie es weiterempfehlen?** *(Mehrfachauswahl möglich)*
   a. Zuverlässigkeit
   b. Preis
   c. Benutzerfreundlichkeit
   d. Design
   e. Funktionalität (Programmvielfalt, Pro/Enterprise Software)
   f. Vertrauen

Nico Maritschnig

Abbildungsquellen

1: https://upload.wikimedia.org/wikipedia/de/thumb/a/ac/Msdos-logo.svg/2000px-Msdos-logo.svg.png

2: https://upload.wikimedia.org/wikipedia/commons/8/8a/MS-DOS_Deutsch.png

3: https://winworldpc.com/res/img/screenshots/101-875a5e41a4e81f43f2733ba381057243-win101_2.png

4: http://www.guidebookgallery.org/pics/gui/desktop/firstrun/win101.png

5: http://www.blarworld.net/windows.jpg

6: http://www.guidebookgallery.org/pics/gui/applications/office/clock/win101.png

7: http://www.winhistory.de

8: http://coolshell.cn//wp-content/uploads/2009/03/10-windows-1.gif

9: http://osjournal.ru/wp-content/uploads/2013/10/windows-1.01-13-full.png

10: http://www.spinfold.com/wp-content/uploads/2013/05/windows-2.0.png

11: http://www.winhistory.de/more/bilder/dos400_shell2.jpg

12: http://huskynarr.de/wp-content/uploads/2014/01/Bildschirmfoto-vom-2014-01-11-181051.png

13: http://escreveassim.com.br/wp-content/uploads/2010/11/4.gif

14: http://escreveassim.com.br/wp-content/uploads/2010/11/calc.gif

15: http://www.winhistory.de

16: http://2.bp.blogspot.com/-AxOiYk17GE0/TtEtmR7dboI/AAAAAAAABH8/gHRnWIIt5sI/s1600/msav.PNG

17: http://www.dosworld.co.kr/upload/board/dos_03/dosworld/drvspace_exe_compress_09.gif

18: http://podcast.robohara.com/images/164.jpg

19: http://img01.ibnlive.in/ibnlive/uploads/2010/09/windows_25_05.jpg

20: http://g1.pcworld.pl/news/thumb/4/9/49247

21: http://www.winhistory.de/more/bilder/win95ce2.gif

22: http://www.winhistory.de/more/bilder/win95blogo.jpg

23: http://cfile5.uf.tistory.com/image/21404350525680691088E7

24: http://www.eyeonwindows.com/wp-content/uploads/2014/08/windows_98_bootscreen.jpg

25: http://zdnet2.cbsistatic.com/hub/i/r/2014/08/29/7e737c73-2f20-11e4-9e6a-00505685119a/resize/1170x878/deacb0ea125e4a8d5b671cc808aa6109/61356.png

26: http://www.lesen.net/forum/attachment/5145-sd-format-jpg/

27: http://www.windows-nation.de/winme/winmeboot.jpg

28: http://www.compu-seite.de/bilder/win2000pro/systemsteuerung.jpg

29: http://img15.deviantart.net/6de7/i/2010/199/5/6/xp_boot_screen_vista_7_flag_by_amirsyahrani.jpg

30: http://static.commentcamarche.net/de.ccm.net/pictures/G1CbGyL7-xp-web-s-.png

31: http://i2.hd-cdn.it/img/type32/max_width1920/max_height1080/id476504.jpg

32: https://philipyip.files.wordpress.com/2014/03/162.png

33: http://www.codeguru.com/images/article/13695/UACFig4.gif

34: http://www.overclockers.ru/images/soft/2009/02/08/The_Future_Vista_Live_S_P_2_0__by_Niwrad soft.png

35: https://media2.giga.de/2015/04/windows-7-icon3.jpg

36: Eigener Screenshot

37: Eigener Screenshot

38: Eigener Screenshot

39: Eigener Screenshot

40: Eigener Screenshot

41: Eigener Screenshot

42: Eigener Screenshot

43: Eigener Screenshot

44: https://www.timetoast.com/timelines/mac-os-history--2

45: http://q7.neurotica.com/Oldtech/Apple/AppleIIplus-8L.jpg

46: http://cdn3.computerhoy.com/sites/computerhoy.com/files/editores/user-11130/mac5_0.jpg

47: http://data.mactechnews.de/464866.gif

48: http://school.anhb.uwa.edu.au/personalpages/kwessen/web/systems/system2.2.gif

49: http://applemuseum.bott.org/sections/images/screenshots/system3/desktop.gif

50: https://upload.wikimedia.org/wikipedia/en/8/85/System6.0.8MacII.png

51: https://upload.wikimedia.org/wikipedia/en/f/f9/Mac_OS_7_6_1.png

52: http://www.guidebookgallery.org/pics/gui/desktop/full/macos80.png

53: http://toastytech.com/guis/macos9about.png

54: http://toastytech.com/guis/macos9login.jpg

55: http://toastytech.com/guis/macos9update.png

56: http://macstroke.com/wp-content/uploads/2013/06/wwdc4.jpg

57: http://cdn.arstechnica.net/mac-os-x-10.3/boxes.jpg

58: http://mobilehistory.wz.cz/10b.jpg

59: http://www.blogcdn.com/slideshows/images/slides/303/001/4/S3030014/slug/l/macosx101-1-1.jpg

60: http://vignette1.wikia.nocookie.net/ipod/images/f/fc/Jaguar.jpg/revision/latest?cb=20120406193727

61: http://www.blogcdn.com/slideshows/images/slides/303/001/6/S3030016/slug/l/macosx103-1-1.jpg

62: https://farm3.staticflickr.com/2598/4233400612_e94b90f750_b.jpg

63: http://www.jfedor.org/shots/macosx.png

64: http://i1.hexunimg.cn/2014-11-10/170218330.jpg

65: http://i52.fastpic.ru/big/2013/0108/0f/91664965e3d4e1a1d77b2e9a2374a10f.jpg

66: http://www.padgadget.com/wp-content/uploads/2010/10/mac-app store2.jpg

67: http://orig01.deviantart.net/e67f/f/2011/241/7/5/mac_os_x_lion_windows_7_theme_by_sehraan-d487kr0.png

68: http://img35.staticclassifieds.com/images_tablicapl/143541801_3_644x461_mac-os-x-lion-107-pl-dvd-apple-install-disc-mak-1074-retail-oprogramowanie.jpg

69: http://www.iclarified.com/images/news/15421/15421/15421-1280.jpg

70: http://img1.gtimg.com/digi/pics/hv1/71/29/1096/71274866.jpg

71: http://img.clubic.com/0290017106056200-c2-photo-oYToyOntzOjE6InciO2k6NjU2O3M6NToiY29sb3IiO3M6NToid2hpdGUiO30%3D-os-x-mavericks-imessage.jpg

72: http://www.apfelschule.com/wp-content/uploads/2015/02/spotlight_fullscreen_new-100525222-large1.png

73: http://photo.tinhte.vn/store/2014/06/2504746_OS_X_10_10.png

74: http://photos2.appleinsidercdn.com/gallery/10811-3237-handoff-141017-3-l.png

75: https://support.apple.com/library/content/dam/edam/applecare/images/en_US/osx/yosemite-bootcamp-assistant.png

76: Eigene Screenshots / Bildmontage

77: Eigene Screenshots / Bildmontage

78: http://cdn3.geckoandfly.com/wp-content/uploads/2010/07/office_2011_mac_beta_download_trial3.jpg

79: Eigene Screenshots / Bildmontage

Nico Maritschnig

80:
https://upload.wikimedia.org/wikipedia/en/thumb/e/ea/Preview_%28Mac_OS_X%29.png/300px-
Preview_%28Mac_OS_X%29.png

81: http://www.muymac.com/wp-content/uploads/2009/03/iwork09.jpg

82: https://itservices.usc.edu/files/2013/11/osx5_preferences.jpg

83: Eigener Screenshot

84: Eigener Screenshot

85: Eigener Screenshot

86: Eigener Screenshot

87: Eigene Darstellung

88: Eigene Darstellung